꿈 콘서트

꿈 콘서트

김은화 지음

다연
DAYEONBOOK

꿈을 꾸세요.
그러면 그 꿈이 당신을 만들 것입니다.
- 로버트 J. 실러

추천사

교육 전문가이자 화가이며 강연 기획자인 김은화 작가와 진행을 함께하는 사회자로서, 활발하게 활동하는 그녀를 지켜보자면, 참 욕심 많은 사람이구나 싶다. 자기 삶을 관찰자 입장에서 관조하며 사소한 것에도 의미를 부여하니 새로운 가치가 생길 수밖에 없다. 이런 태도는 넉넉하지 않았을 어린 시절을 담담히 이겨내고 주도적인 삶을 만들어가기 위해서 꼭 필요했을 수 있겠다. 아니, 치열한 삶의 몸부림이었을지도 모른다. 어려움 가운데서도 능히 이겨낼 힘이라면 꿈은 하늘을 찔렀지만 발은 땅인 현실에 굳건하게 딛고 버틴 것이지 싶다.

그녀의 글을 읽다 보면 몇 가지 단어가 떠오른다.

첫 번째 단어는 기회라는 뜻의 영단어 'Opportunity'이다. 이 단어의 어원은 라틴어 'ob portu'로, '항구 밖에서'라는 의미이다. 밤새 고기를 잡은 어부들이 항구 밖에서 대기하다 밀물 때를 기다려 항구로 돌아오는 데서 유래되었다고 한다. 기회는 갑자기 나타나는 것이 아니라 준비된 자만이 누릴 수 있는 것이라는 의미이다. '기회는 땀 흘린 자의 것이다'라는 이치처럼 그녀는 최선의 노력을 다하고 때를 기다리는 사람이다.

두 번째 단어는 'Internalization'이다. 그녀는 '자기화', '내면화'가 강한 사람 같다. 한 권의 책이나 한 번의 만남은 물론 세상에서 만난 많은 인연을 소홀히 하지 않는다. 주도적인 삶을 사는 사람이 가지는 특징 중 하나이다. 아무리 많은 책을 읽고 남의 지식을 배우더라도 자기것으로 만들 수 없다면 무용지물이다. 오히려 수동적이고 남 탓만 하는 존재가 되기 십상이다. 그런데 그녀는 다르다. 발에 부딪히는 돌부리에서도 의미를 찾고자 하니, 취득한 지식을 자기 것으로 만들 힘을 지녔음이다.

세 번째 단어는 'Imagineering'이다. 이는 상상한 것을 구체화시킨다는 의미로, 디즈니랜드 최초 기획자들이 아이들에게 동화 속 세상을 구현해주겠다는 꿈을 현실화하려는 의지에서 만들어진 단어라고 한다. 세상에 아무리 많은 것이 존재해도 본인이 생각하지 않으면 존재하지 않는 게 된다는 이치이다. 그녀는 자신의 꿈을 이루기 위해서 끊임없이 노력하고 있으며, 그렇기에 나는 그녀의 발전을 낙관하고 있다.

김은화 작가는 꿈을 꾸지만 말고 꿈을 실현시키는 방법을 찾으라고 말한다. 앞이 보이지 않으면 한 발짝도 옮

기기가 어렵지만, 앞이 보이면 빠르게 나아갈 수 있는 법이다. 본인의 다양한 경험과 이 과정에서 얻은 지식과 지혜를 나누고자 하는 그녀의 야무진 꿈이 보기 좋다. 꿈을 향해 열정을 가지고 도전하는 그녀의 꿈 스터디 프로젝트를 크게 응원하고 싶다.

조운호
(하이트진로음료 대표이사)

당신은 현재 어떤 꿈을 꾸며 살고 있는가?

큰 수익을 안겨줄 사업 성공을 꿈꾸며 일에 매진하는 사람도 있을 테고, 멋진 디자이너를 꿈꾸며 치열하게 포트폴리오를 준비하는 사람도 있을 것이다.

어떤 이는 그저 하루하루 직장생활을 해내며 6시 퇴근 시간을 낙으로 삼을 것이고, 또 어떤 이는 가난의 굴레에서 벗어나고자 주경야독하며 가족의 생계를 책임지고 있을 것이다.

바로 이 순간, 누군가는 자신의 꿈을 이루기 위해 한 걸음씩 나아가고, 누군가는 하루하루 먹고사는 일 자체가 버거워서 자신의 꿈을 그저 가슴속에 묻어둔 채로 산다.

지금 어떤 꿈을 가슴속에 품고 있는가?

지금 막연하게 무언가를 하고 싶다는 생각을 가지고 있는가?

혹시 그저 책상 앞에 앉아서 생각만 하고 있는 것은 아닌가?

그렇다면 그것을 공상의 늪에 밀어 넣은 채 방치해서는 안 된다.

꿈은 어려운 환경 속에서만 찾을 수 있는 것이 아니다. 꿈은 항상 내 곁에 있다. 그것을 찾아 나 스스로 얼마나 노력하느냐에 따라 꿈의 현실화는 물론 나의 가치가 결정된다.

우리가 꿈을 가져야 하는 이유는 행복하고 아름다운

삶을 살기 위해서, 내 삶의 당당한 주체로서 멋지게 잘 살기 위해서이다. 그렇게 품은 꿈이 어느 날엔가 이루어지면, 그것은 또 누군가에게는 모범적인 꿈 사례가 될 수 있다.

이런 점에서 이 책은 꿈을 화두로 하여 성공한 실제 사례도 담아냈다. 결국 나만의 꿈을 재정립하고, 동기를 부여하고, 그 꿈을 어떻게 이룰 것인지 현실적 방법을 모색하는 게 이 책의 목표다.

이 책이 꿈을 꾸고 실천하는 데 애를 먹는, 혹은 지지부진한 많은 이에게 현실적 지침서로 인정받길 바란다. 그래서 현재 처한 상황에 상관없이 주도적인 삶을 살아가는 데 인생의 나침반이 되기를 바라마지 않는다.

..

강조하건대 이 책은 진부한 성공 스토리를 단순히 나열한 기록서가 아니다. 꿈꾸기가 점점 어려워지고 있는 오늘날, 같은 하늘 아래 반 발짝 앞서 살아내는 한 청춘이 또 다른 청춘들에게 건네는 공감과 위로, 격려의 메시지이자 성공으로 가는 아주 구체적인 꿈의 무대 기획안이다.

오늘, 당신의 꿈을 이루어줄 '꿈 콘서트'를 함께 기획해보는 것은 어떨까? 지금부터 Shall We Dream?

김은화

Contents

Part 1

내 꿈을
찾아서

01

꿈을 꾸기 어려운 환경이라고?

비관론자는 모든 기회 속에서 어려움을 찾아내고, 낙관론자는 어떠한 역경 속에서도 기회를 찾아낸다.

_윈스턴 처칠

흔히 이 시대는 정말 꿈을 꾸기 어려운 시대라고들 한다. 실제로 많은 이가 자신은 꿈을 꾸기 어려운 환경에 놓여 있다고 말한다. "나는 가난하다", "우리 집은 빚이 많다", "나에게는 꿈이 있는데 부모님은커녕 나를 도와줄 사람도 없다", "꿈을 꾸고 싶지만, 꿈을 꿀 수가 없다" 등등 비관적인 말에 비관적인 시선을 달아 환경을 탓한다. 충분히 공감한다.

미국 토크쇼의 여왕, 오프라 윈프리. 그녀는 1954년에 사생아로 태어났다. 해맑게 뛰놀아야 할 아홉 살 때 사촌 오빠에게 강간을 당했고, 이후로도 열네 살이 될 때까지 어머니의 남자 친구와 친척 등에게 계속 성적 학대를 받았다. 그 과정에서 미혼모가 되었고, 미숙아였던 아기는 2주 만에 죽었다. 20대 초반에, 그녀는 마약까지 손을 댔다. 유년기와 청년기에 그녀는 정말 불행했고, 그야말로 꿈을 꾸기 어려운 환경에서 줄곧 허덕였다.

그러나 오프라 윈프리는 끝없는 추락에 무너지지 않았다. 지우기 힘든 어린 시절의 큰 상처를 딛고서 그녀는 방송인, 패션모델, 영화배우, 영화 및 TV 프로그램 제작·출판·미디어사업 대표로 활동하며 자산 6억 달러(약 6,441억 원)의 갑부가 되었다. 현재 그녀는 세계에서 가장 영향력 있는 여성 중 한 명으로서 상처 입은 수많은 사람과 교감하고 있다. 또한 직접 만든 재단을 통해 남아프리카 등지의 소외된 지역에 학교를 설립하고 장학금을 지원하며 자선사업을 활발히 펼치고 있다.

유년 시절의 내 환경은 평범한 아이들과 사뭇 달랐다. 나는 야구로 유명한 부산의 사직동에서 자랐는데, 엄마아빠 형제자매로 된 여느 집안의 가족 구성원과 달리 조그만 집에서 할머니 그리고 두 삼촌과 함께 살았다. 물론 할머니, 삼촌들과 생활하면서 좋은 추억도 많았지만 내가 처한 가정환경 때문에 어쩔 수 없이 친구들과 선생님에게 빈번히 상처를 받았다. 사실, 나는 이 상처들과 결핍된 환경을 감추며 행복한 척하느라 나 스스로 마음속 상처를 더 키웠다.

대학교 3학년 때부터는 가정 형편이 어려워져 학교생활과 개인 과외, 학원생활을 병행해야 했다. 다행히 국립대에 다녔기에 교지 집필 및 학생기자 활동 그리고 우수 성적으로 4년 내내 장학금을 받을 수 있었다. 대학생활을 하다 보니, 꿈을 위해 조금 더 공부를 하고 싶어져 대학원 진학을 생각했으나, 경제적인 부분이 걱정되었다. 일단 집안의 반대를 무릅쓰고, 대학원시험을 몰래 봤다. 다행히 면접을 잘 보아서 지원한 대학원 세 곳 중 두 곳에 붙었는데, 한 대학원은 연구조교를 겸하는 조건으로 학비를 전액 지원하겠다고 했다. 그 대학원으로 진로를 확정하던 날, 하늘이 준 기회라며 기뻐하는 할머니와 부둥켜안고 한참을 울었다.

대학원 연구조교는 하루 종일 교수 연구실에 상주하다

시피 하며 담당 교수의 업무나 프로젝트를 보조한다. 그 시절, 나는 경제적으로 무척 힘들었다. 다른 대학원생처럼 올곧이 연구에 집중하며 공부하고 싶었으나, 현실은 내게 그런 생활을 허락하지 않았다. 나는 일주일 내내 밤낮으로 아르바이트를 해야 했다. 내가 진학한 대학원에는 외국 대학을 나온 데다 상대적으로 부유한 학생들이 많았다. 대다수가 나처럼 아르바이트에 목매지 않았음은 물론이다. "왜 그렇게 아르바이트를 많이 하나?"라고 주변 사람들이 물을 때마다 나는 "내가 하고 싶은 일에 착수하려면 지금부터 돈 많이 벌어둬야 해" 하며 허세 아닌 허세로 알량한 자존심을 세웠다. 하지만 실상 아르바이트는 나의 절실한 생계수단 그 이상도 이하도 아니었다.

대학원 최초 등록금은 자비로 먼저 내야 했기에 국가학자금 대출을 받았다. 나중에 대학원이 현금으로 환급해줬지만 그 돈은 받기가 무섭게 밀린 월세로 다 나가버렸다. 대학교 졸업 전 학원 영어 교사 아르바이트를 해서 마련한 월세 보증금 200만 원도 나중에는 월세로 차감하면서 거의 써버렸다.

아르바이트 수입으로도 해결이 안 되는 교재비와 생활

비는 학생 대출로 막았는데, 졸업하고 사회인으로서 출발선에 섰을 때 나의 빚은 천만 원 정도에 이른 지경이었다. 과외 아르바이트비가 들어오지 않을 때는 정말 수중에 만 원조차 없어서, 대학원생들과 함께 사 먹는 5천 원 안팎의 점심이 너무너무 부담스러웠다. 그토록 힘든 경제 사정 때문에 나는 빈번히 생각했다.

'모두 같은 출발선에 설 수 있으면 얼마나 좋을까?'

'나에게도 든든한 부모님이 있다면 얼마나 좋을까?'

많지 않은 나이임에도 지난날을 돌아보건대 확실히 나는 여타의 친구들과 다르게 살아왔다. 그런 여건은 진로 문제를 비롯한 삶의 방향을 나 스스로 정하고 책임져야 하는 상황으로 내몰았다. 자꾸만 몰려오는 힘든 상황들이 참으로 버거웠지만, 그 어려움들이 오히려 인생을 살아가는 데 자기 주도성을 길러주는 트레이너 역할을 해주었다. 더불어 더욱 강력한 꿈을 꾸게 만드는 동기가 되어주었다.

어려운 환경에 처했을 때 대개는 모든 상황을 비관적으로 바라보고 절망하게 마련이다. 하지만 어떤 이들은 그 상황 자체를 있는 그대로 받아들이고, 나아가 낙관적인 마인드로 현재의 부정적인 상황을 타개하려 노력한다. 이 낙관론자들은 어려운 환경에서도 항상 꿈을 꾸고, 그것을 실현하고자 애쓴다. 나 역시 낙관론자가 되기를 원했고, 그러기 위해 한 번 더 노력해야 했다.

> **그대의 꿈이 한 번도 실현되지 않았다고 해서 가엾게 생각해서는 안**
> **된다. 정말 가엾은 것은 한 번도 꿈을 꿔보지 않았던 사람들이다.**
>
> ■ 볼프람 폰 에센바흐

언제부터인가 인터넷에서 흔히 거론되는 88만 원 세대(이제 최저임금이 조금 올랐으니 100만 원 세대라고 불러야 할까)! 나도 경험했지만, 생계까지 책임지며 학업을 이어가는 사람들의 일상은 참으로 팍팍하다. 근근이 버는 돈은 매달 월세를 내기에도 빡빡하다. 여기에 책값, 생활비까지 해결하자면 결국 학교 졸업 후 남는 것은 적게는 몇백만 원에서 많게는 몇천만 원의 빚이다. 그러니 현재를 살아내는 일조차 버거운 그들에게 꿈은 포기할 수밖에 없는 그야말로 뜬구름 같은 것이다. '금수저'이네, '흙수저'이네 하는 극단적 양극화의 대비 속에서 흙수저로 기울어진 그들이 느끼는 상대적 박탈감은 심각하다. 그래서 어떤 이는 자신의 처지를 비관으로 일관하고, 어떤 이는 아예 자기 손으로 생을 마감해버린다.

그렇다. 실제로 많은 이가 이런 실상에 놓여 있다. 누가 봐도 징그럽게 힘든 상황이 아닐 수 없다. 그럼에도 이러한 현실에 그저 매몰되어선 안 된다. 오프라 윈프리가 그랬던 것처럼, 내가 그랬던 것처럼 이 지독한 상황에서 벗어나게 해줄 한 가닥 동아줄을 어떻게든 부여잡아야 한다. 꿈이라는 희망의 동아줄을 말이다!

브라이언 트레이시는 말했다.

"결심하기에 따라서 무엇이든 이룰 수 있다. 풀지 못할 문제 따위는 없다고 믿어라. 지금 겪는 어려움은 그저 당신의 성격이 어떤지, 실력이 어떤지를 시험하는 테스트일

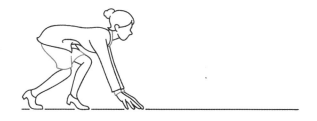

뿐이다. 도전으로 생각하면 지식과 지혜를 얻을 수 있는 기회가 될 것이다."

우리는 열일곱 살이 될 때까지 '아니, 넌 할 수 없어'라는 말을 평균 15만 번 듣는다. '그래, 넌 할 수 있어'는 약 5천 번이다. 부정과 긍정의 비율이 무려 30:1이다. 이런 까닭에 '난 할 수 없어'라는 믿음이 마음속에 강하게 자리 잡는다.

■ 존 아사라프 & 머레이 스미스

꿈꾸기 어려운 환경에 놓여 있을지라도 꿈을 꿔야 한다. 그 꿈이 인생을 변화시키기 때문이다. 꿈은 어려운 환경을 바꾸고, 사람을 주체적으로 바꾸는 원동력이 된다. 외적으로든 내적으로든 상황이 아무리 어렵더라도 꿈을 꾸고 그것을 향해 한 발짝씩 나아가는 게 중요하다. 꿈을 실행하면 내가 바뀌고, 나아가 세상이 바뀐다. 그런 만큼 꿈을 나의 가장 큰 목적이자 살아가는 이유로 내 가슴속에 붙박아야 한다.

변화를 이끌어내는 꿈! 칭기즈칸 시대에 그가 정복한 땅은 무려 777만 제곱킬로미터였다. 나폴레옹이 115만,

히틀러가 219만, 알렉산드로스 대왕이 348만인 것을 감안하면 실로 엄청난 규모다. 칭기즈칸의 원대한 꿈이 그것을 가능케 했다.

거듭 강조하지만 상황이 어떻든 꿈을 꿔야 한다. 꿈을 꿔야 지금의 현실에서 조금이라도 나아갈 수 있고, 죽이 되든 밥이 되든 뭔가 변화를 기대해볼 수 있다.

02

책을 통해 세상을 만나다

어릴 적 나에겐 정말 많은 꿈이 있었고, 그 꿈 대부분은 책을 읽을 기회가 많았기에 가능했다고 생각한다.

■ 빌 게이츠

〈해피선데이-1박 2일〉, 〈꽃보다 할배〉, 〈삼시세끼〉 등의 예능 프로그램을 히트시킨 PD 나영석이 독서를 화두로 하여 강연한 적이 있다. 그는 말했다.

"책 본다고 인생이 바뀌지 않습니다. 한 사람의 인생이 그렇게 만만하지는 않아요. 그럼에도 왜 책을 읽어야 할까요? 책은 나 자신을 조금 더 알 수 있게 해주는 지침서이기 때문입니다."

그는 독서가 인생에서 어떤 힘을 발휘하는지 400여 명의 대학생 앞에서 이야기했다. 〈1박 2일〉 프로그램에 매달려 있는 동안 그는 책 표지도 거들떠보지 못했다고 한다. 하지만 그는 한때 열정적인 독서가였고 그 경험이 현재 인생에 좋은 영향을 미쳤다고 한다. 그는 독서에서 발견한 스토리라인을 예능에 접목하여 많은 도움을 받았다. 이처럼 책은 다른 사람의 땀과 노력, 모든 걸 쏟아놓은 결과물로 '이 세상의 모든 미디어에서 사람의 가슴에 던지는 가장 크고 묵직한 돌'이다.

나폴레옹의 경우 단순한 전쟁광이 아닌 영웅으로 우리에게 인식되고 있다. 그는 뛰어난 학식과 교양, 그리고 예술적 감각을 가지고 있었는데, 정말 폭넓은 독서광이었다. 그에게 독서는 일종의 안식처였고, 매번 전쟁에서 승리하는 데 원동력이 되었다. 습관적으로 반복되는 전투방식이 아닌, 기발한 영감에 따른 새로운 전술로 큰 성과를 거둔 것이다. 그는 상대가 생각하지 못하는 방법으로 상대의 허를 찔렀다.

그의 독서법에는 이름도 있다. 이른바 마상(馬上) 독서! 나폴레옹은 전쟁터에서도 말 위에 앉아서 책을 읽었다. 단기간의 원정에도 1,000여 권의 책을 가지고 갔고, 말을 타고 가는 동안 책을 읽었다. 괴테, 베토벤도 나폴레옹을 칭송하고 존경했다. '내 사전에 불가능은 없다'라는 말을 남긴 나폴레옹의 영웅적 면모 뒤에는 독서의 힘이 숨어 있었다.

내가 활자라는 개념으로 책을 접한 것은 초등학교 시절이었다. 매년 초 학년이 올라가기 전 십수 권의 교과서를 받는데, 새 학년이 시작되기 전 상대적으로 재미있는 내용이 담긴 국어책, 도덕책, 바른생활책, 사회책 등을 읽었다. 교과서 속의 이야기는 막연히 세상을 접할 수 있는 기회였고, 나의 꿈들을 상상하는 계기였다. 그때 나는 책을 통해 선생님, 화가, 아나운서라는 구체적인 직업을 생각해보았다.

본격적으로 책을 읽기 시작한 것은 고등학교 때이다. 그 당시 만난 한 선생님이 내 인생의 전환점이었다. 국어 선생님의 권유로 학교 토론부에 들어갔는데, 그 덕분에 고등학교 3년 내내 전국논술토론대회에 참가할 수 있었다.

토론 주제는 '21세기, 과연 여성의 시대인가?', '청소년에게 한국은 희망의 나라인가?', ' 북미 핵 문제와 평화통일' 등 어린 나에겐 심오하기 짝이 없는 것들이었다. 그 당시 내 모교에는 토론대회에서 두각을 나타내는 선배들이 많았다. 대회에 참가하기 위해 《제3의 물결》, 《부의 미래》, 《종의 기원》 등 깊이 있는 인문과학·사회과학·예술과학 분야의 책을 많이 읽고 토론 준비를 했다. 더불어 글쓰기 연습도 심도 있게 했다. 지금은 따분해서 잘 안 보게 되는 책들을 그 시절에 가장 많이 읽었던 것 같다. 특히 북핵 6자회담이나 관련 분야 책들을 읽을 때는 정말 힘들었으나, 현재 내가 뉴스에서 세계정치 사이클을 바라볼 때의 인사이트를 그때 많이 얻었다고 생각한다.

사실 고등학교 때는 막연하게 토론대회에서 상을 받아 대학을 가기 위한 스펙 개념으로 독서를 시작했다. 2학년 때 '학교 붕괴'라는 주제로 논문을 쓰고 토론을 하여 전국논술토론대회에서 장려상을 받았다. 3학년 때는 '학벌은 또 하나의 카스트인가?'를 주제로 부산시 독서논술토론대회에서 대상을 받았다. 처음에는 재미있는 줄 몰랐던 독서가 점점 재미있어졌다. 그 당시 흥미롭게 읽었던 사회과학 및 인문학 관련 도서 중 기억에 남는 책은 박노자의 《당신들의 대한민국》, 홍세화의 《쎄느강은 좌우를 나누고 한강은 남북을 가른다》·《빨간 신호등》, 배경내의

《인권은 교문 앞에서 멈춘다》, 신영복의《강의: 나의 동양 고전 독법》·《나무야 나무야》 등이다. 이 책들은 기존에 읽었던 책과는 차원이 다른 세상을 나에게 열어주었다.

고등학교 당시, 나는 철학캠프 등에 2박 3일간 참여하면서 저명한 교수와 저자들의 강연을 들으며 함께 밥도 먹고 소통했다. 역사캠프를 통해서는 또래 청소년들과 '노근리양민학살사건'에 대해 직접 취재를 가기도 했다. 무엇보다 홍세화 작가가 부산에 강연을 올 때마다 나는 다 참여했는데, 강연이 끝날라치면 꼭 질문을 던졌다. 그런 소통을 통해 학교에서 배울 수 없는 가르침을 얻었다. 갖고 있는 책마다 홍세화 작가의 사인을 다 받아두었음은 물론이다.

고등학교 이전, 그리고 책이 열어준 세상을 만나기 전, 나는 김규동의《나비와 광장》속 나비 같았다. 특정한 꿈과 희망 없이 헤매고 있었으니까. 하지만 고등학교 때 깊이 있게 책을 읽고 토론하고 꿈 동지들과 함께하면서 내성격도 점차 변해갔다. 옳고 그름을 판단하는 비판적 시각을 갖추었고 세상을 바라보는 나만의 눈이 생겼다. 무엇보다 꿈을 제대로 꾸게 되었고, 그것을 이루기 위한 실천력을 키울 수 있었다. 물론 책이라는 것 하나만이 나를 변화시킨 건 아니다. 내가 거듭나기까지 가족, 친구, 선생님, 토론 활동, NGO생활 등의 영향도 컸다. 하지만 나에게 지대한 영향을 미친 것은 역시 뭐니 뭐니 해도 책이었다.

나를 들여다보게 하고 세상을 바라보게 하고 꿈을 꾸게 만드는 책에는 치유의 기능도 있다. 내가 서른 살이던 해, 내 할머니는 폐암 선고를 받았다. 더불어 나의 상태 또한 최악이 되었다. 30년간 같이 산 할머니는 내게 그냥 엄마였다. 그런 소중한 존재가 내 곁에서 사라질지도 모른다는 불안감은 말로 다 형용할 수 없었다. 내가 꿈을 꾸고 그 꿈을 이룸으로써 성공하려는 이유 중 하나는 나를 길러주신 할머니께 해야 할 효도 때문이었다. 그런데 성공해야만 하는 이유 중 하나가 한순간 사라지게 생겼으니, 내 인생 자체가 요동치지 않을 수 없었다. 할머니는 결국 6개월 후 하늘나라로 떠나셨다.

할머니가 투병할 당시 나는 영어 콘텐츠 개발연구원으로 직장생활을 하고 있었는데, 상황이 상황인지라 도무지 일을 제대로 할 수 없었다. 콘텐츠 제작자이자 교육 프로젝트 책임자로서 집중하여 한 줄 한 줄 콘텐츠를 만들며 무에서 유를 창조해야 했다. 극심한 우울증과 불면증을 뒤집어쓴 채 신경안정제와 수면제를 처방받아 먹어가며 직장생활을 했는데, 그때는 정말 내 정신이 아니었다.

어쨌든 직장인으로서의 의무는 다해야 했기에 나 자신을 다잡을 무언가가 필요했다. 그때 온전히 기댄 것이 책이었다. 그 당시, 친구도 다른 가족도 그 누구 하나 내게 희망을 주지 못했다. 그때 회사 부장님이 정말 많이 위로해주었는데, 몸소 도서관에 가서 나를 위해 책 한 권을 빌려왔다. 세계적인 영적 스승 데이비드 호킨스의 《놓아버림》이었다. 하지만 정말 책을 읽을 수 있는 상태가 아니었다. 회사에서 몇 달간 쉬는 게 어떠냐고 할 정도였으니까. 아마 경제적으로 여유가 있었다면, 할머니 곁에서 간호만 했을 것이다.

'놓아버림은 무거운 물건을 떨어뜨리듯 마음속 압박을 갑작스레 끝내는 일이다. 놓아버리면 마음이 놓이고 가벼워지는 느낌이 들면서 한결 기쁘고 홀가분해진다. 놓아버림은 타고난 능력이다. 생소한 방법도 아니다. 비밀리에

전수되는 가르침도 아니고, 누군가가 주창한 사상이나 신념 체계도 아니다. 더욱 자유롭고 행복해지기 위해 우리 내면의 본성을 활용하는 일일 뿐이다.'

나는 내게 닥친 상황을 극복하기 위해 억지로라도 책을 읽기 시작했다. 신기하게도 《놓아버림》은 심적 죽음의 기로에 있던 내게 희망으로 다가왔다. 절망의 상황을 떨치고 하루하루를 살아갈 용기를 주었다.

책의 강력한 힘을 절감하지 못한 시기에, 희망의 책 한 권으로 말미암아 나는 문득 하루를 살 수 있다는 것이 얼마나 감사한 일인지 깨달았다. 나에게 책을 건네며 그 와중에 독후감을 써 오라 했던 부장님, 나에게 새삼 깨달음을 준 책 한 권! 모두 너무나 고마운 존재다.

책이 오늘의 나를 만들었다. 책이 내 인생에도 가능성이 있음을 보여주었다. 나에게 책은 열린 문이자 나만의 자유에 이르는 길이었다. 책을 통해 나는 미시시피의 농장 너머에 정복해야 할 큰 세상이 있다는 걸 깨달았다.

■ 오프라 윈프리

오프라 윈프리는 엄청난 시련 속에서도 독서로 인간을 이해하고, 세상을 보려 애쓴 인물 중 하나다.

이처럼 책은 꿈과 희망을 주기도 하고, 세상을 보는 눈을 길러주기도 한다. 그리고 내가 겪은 것처럼 삶의 힐링과 치유의 수단이 되기도 한다.

세상을 만나는 방법은 여러 가지다. 그중 가장 손쉽게 접할 수 있는 방법은 단연 책 읽기다. 책은 꿈과 세상을 연결해주고 치유와 힐링의 장을 제공한다. 책은 마음의 가난을 깨닫게 하고, 삶을 깨어나게 한다. 책 읽기에 몰입하자면 어느 순간 인생사 비밀의 열쇠를 발견하기도 한다. 그래서 책을 통해 변화하고 치유하고 소통하는 사람은 꿈에 한 발짝 더 쉽게 다가갈 수 있다.

꿈꾸는 사람만이 꿈을 이룰 수 있다. 우리는 보고 듣는 만큼 꿈꿀 수 있다. 그 꿈을 열어줄 책을 우리는 꽉 붙

잡아야 한다. 책을 통해 지식을 얻고 지혜를 키우며 신명
나게 꿈꾸자. 책으로써 게으름을 물리치고 두려움을 극복
하며 혁신하자. 그리하여 진짜 세상을 만나 꿈을 이루자.

03

내 삶의 멘토

너와 같은 조건에서도 큰 뜻을 세워 우뚝한 자취를 남긴 선인들을 마음에 새겨두거라. 남이 너를 우러르게 해야지, 얕잡아 보게 해서는 안된다. 힘쓰고 또 힘쓰거라.

■ 다산 정약용

지금은 멘토라는 존재가 대세인 시대다. 수많은 자기계발서 저자가 저마다 성공 신화를 전하고, 우리 인생사의 아픔을 보듬고 위로한다. 그들은 현 세대의 멘토임을 스스로 자처한다. 그러나 여전히 내 주변의 사람들은 "멘토가 없다"라고 말한다. 어릴 적부터 존경하는 선생님조차 없었다고 말하는 사람 또한 많다. 초등학교 때부터 고등학교 혹은 대학교 때까지 수십 명의 선생님을 만나는데 존경할 만한 멘토 한 명 없다니, 교육업에 종사하는 사람으로서 참 슬픈 현실이 아닐 수 없다.

'멘토'는 알다시피 '스승'을 뜻한다. 이 말은 그리스 신화에 나오는 오디세우스의 친구 '멘토르(Mentor)'에서 유래하였다. 멘토르는 오디세우스가 트로이전쟁에 나가서 20년이 되도록 귀향하지 않는 시간 동안, 그의 아들 텔레마코스를 돌보며 가르쳤다. 그래서 그의 이름이 '현명하고 성실한 조언자' 또는 '스승'의 뜻을 지니게 되었다. 요즘은 경험과 지식이 많은 사람이 선생님의 역할을 하는데, 지도와 조언을 하는 그 일련의 과정을 '멘토링(Mentoring)'이라고 한다.

멘토라는 용어가 널리 일반화되긴 했지만 사실 나에게는 '스승'이 더 가슴에 와닿는 단어다. 선생님은 있어도 스승은 없다고 말하는 이 시대에서, 평생 잊지 못할 스승을 만나는 이는 참 행복한 사람일 것이다.

우리 역사 속에서 스승을 한 명 찾아본다면, 조선 시대의 다산 정약용을 꼽을 수 있겠다. 다산은 최고의 지식 경영자이자 위대한 스승이었다. 다산은 18년 동안 유배생활을 하면서, 다방면에 걸쳐 500권이 넘는 저술을 집필했다. 다산의 '증언(贈言)'을 살펴보면, 각 제자의 처지와 환경에 꼭 알맞은 지침을 내렸음을 알 수 있다. 많은 제자가 읽고 또 읽은 스승 다산의 가르침, 제자 교육법은 깊이 있기로 유명하다. 그래서 오늘날 교육의 목적으로 많이 인용된다.

어릴 시절 스승, 은사, 선생님이라는 존재는 강력한 내 삶의 기반이었다. 보통 어릴 때는 아버지, 어머니가 삶의 가치관을 정립해주는 경험이나 환경을 만들어준다. 할머니와 함께 지낸 나의 환경은 한편으로는 엄했고 상대적으로 여러 가지가 관대했다. 인생살이의 기준점으로 삼기에는 약간 부족함이 있었다고 할까. 그래서 내가 어떻게 살아야 하고, 어떤 것을 준비하고, 어떤 마음가짐을 가져야 좋은지, 제일 친절하고 자세히 이야기를 들을 수 있는 존재는 학교 선생님이었다.

초등학교와 중학교 때는 담임 선생님을 통해 삶의 지침과 마음가짐, 생활 태도의 기본을 정립할 수 있었다. 초등학교 때는 촌지 등 부모의 힘이 강력했기에 나는 담임 선생님에게 다른 친구들보다 많은 관심을 받지는 못했다.

하지만 중학교 때, 한 멋진 선생님과 3년을 함께하는

행운이 있었다. 나에게 너무나 고마운 은인, 중학교 2학년 담임인 조시내 선생님이다. 중학교 1학년 때 사회 선생님이었는데 세계사와 사회 과목을 정말 재미나게 가르쳤다. 중학교 2학년 때 담임 선생님으로 만났을 때는 너무 기뻐서 반 배정을 받은 날 펑펑 울기도 했다. 미술이 주전공이고 사회는 부전공이었던 선생님이 좋아서, 나는 미술과 사회 공부를 정말 열심히 했다. 선생님과 더 가까워지고 싶어서 선생님이 맡은 학교 동아리 '도자기부'에 가입하여 1년을 옆에 바짝 붙어 지냈다.

나는 아이들이 자주 먹던 햄, 피자, 토스트 같은 음식을 접할 기회가 적었다. 그런데 복사 등의 소일거리를 도왔다는 명목으로 선생님이 맛있는 패스트푸드를 사주었는데, 그것도 어릴 적 나에게는 큰 기쁨이었다. 나는 초등학교 때부터 화가가 꿈일 만큼 미술을 좋아했지만 미술을 본격적으로 공부할 형편이 아니었다. 그런 나에게 선생님은 미술의 재미를 계속 느끼게 해주고 삶과 미술을 하나로 만들어주었다.

선생님은 내게 중학생이 쉽게 수행하기 어려운 미술 과제를 많이 내주었다. 더불어 미술관에 직접 가야 하는 과제를 많이 내고, 리포트도 쓰게 했다. 서양미술사에 대한 요약과 감상문 작성, 현대미술관 등의 탐방 및 작품 감상문 작성 활동은 미술에 대한 나의 안목을 키워주었다. 나는 지금도 해외에 나가면 그 나라의 국립미술관을 꼭 방문하여 위대한 작품들을 깊이 있게 음미한다. 이 모든 게 다 선생님 덕분이다.

선생님은 대학에 가면 전공과 영어 공부는 물론 다양한 활동을 하라 조언해주었고 나는 말씀을 따르려고 열심히 노력했다. 시간이 없어 하루 한 끼를 먹어가면서 다양하게 활동했던 대학 시절의 그 경험들은 내 삶의 바탕이 되었다.

나를 이끌어주신 또 한 분은 고등학교 때 국어를 가르친 양윤복 선생님이다. 그분 덕분에 나는 제대로 책을 만나고 토론을 할 수 있었다. 그때부터 내 인생의 진정한 변화가 이루어졌고, 세상과 나를 이해하는 안목을 키워 대학에 진학할 수 있었다.

대학에서는 주체적인 삶에 한 발짝 더 다가갈 수 있는 스승들을 만났다. 나는 김경수 교수님, 박라권 교수님, 류재한 교수님 등의 지도 아래, 철학을 전공하고 철학과 교직 이수를 했는데 그때 원문으로 읽은 동서양의 철학서들과 관련 글쓰기 과정은 내 인생의 기초를 탄탄히 다지는 시간이 되었다. 나는 인문학의 힘이 얼마나 위대한지, 졸업을 하고 10년이 지나고 있는 현 시점에 이르러서야 절실히 체감 중이다. 이게 다 그분들 덕분이다.

스승이라는 존재는 내 인생에 정말 강력하게 다가왔다. 다산이 많은 제자에게 각기 알맞은 지침을 내렸던 것처럼 나의 스승님들도 그 당시 내가 처한 상황에 가장 적절한 가르침을 주었다. 그 덕분에 나는 내 환경을 비관하는 데 시간을 쏟기보다는, 그 상황을 변화시키기 위해 필요한 것을 얻는 데 집중할 수 있었다.

내가 중학교 때 선생님으로부터 얻은 교훈 중 하나는 '준비된 자에게 기회가 오고 변화가 온다'였다. 그래서 정말 열심히 살았고, 지금도 그 자세를 유지하고 있다. 물론 무작정 열심히만 산다고 능사는 아니다. 기회를 포착하고 긍정적인 변화를 이끌어내야 한다. 그래서 필요한 것이 꿈이다. 꿈을 가지고 변화의 기회를 만들어야 하고, 그러자면 다방면에서 최선을 다해 준비해야 한다.

대학교 1학년 때 나의 도덕과 철학적 관념을 일깨워준 스승이 있다. 책으로 만난 스승, 공자다. 공자는 제자들에게 자신의 사상을 가르치며 말년을 보냈는데, 그 가르침은 후대에 《논어(論語)》로 전해진다. 여기에는 도덕적 행실, 청렴함, 조상에 대한 공경 등 많은 가르침이 녹아 있다. 몇 가지를 소개하면 다음과 같다.

- ▶ 군자는 늠름하고 우연하며 교만하지 않는 법이다.
- ▶ 옳지 않은 방법으로 얻은 부와 명예는 내게 떠도는 구름과 같다.
- ▶ 군자는 모든 일을 자기에게서 구하고 자기의 책임으로 돌린다. 소인은 모든 일의 책임을 다른 사람에게 떠넘긴다.
- ▶ 군자는 자기가 말한 것이 지나친 것을 부끄러워해야 한다. 실행하지 않는 말을 삼가고 말 이상으로 실천하도록 힘쓴다.
- ▶ 생각하고 연구하는 것, 그것은 좋은 일이다. 그러나 그것만으로 그치고 더 배우는 것이 없으면 위험한 일이 된다.

변화를 꾀하고 꿈에 한 발짝 더 빨리 다가가기 위해 좋은 스승을 만나는 일은 필수적이다. 내 삶에 좋은 길잡이가 있다는 것은 축복이다. 의지만 있다면 주변에서 얼마든지 훌륭한 스승, 멘토를 만날 수 있다. 그게 꼭 사람일 필요는 없다. 서점에 가면 얼마든지 좋은 책을 스승으로 삼을 수 있고, 유튜브 등을 통해 유익한 테드(TED) 강연자나 법륜 스님 같은 분들의 동영상을 보고 그 내용을 익힐 수도 있다.

제자가 준비하고 있을 때 스승이 나타나는 법이다. 스스로 준비된 자에게 도움의 손길이 온다. 우리는 열심히 스승을 찾아다녀야 한다. 공부라는 것은 한평생 해야만 하는 자기 과업이다. 그러니 나를 세워줄 멘토를 열성적으로 찾아 내 삶에 모시자.

04

자기 주도적인 삶

모두가 세상을 바꾸려 할 뿐 스스로를 바꾸려는 생각은 하지 않는다.

■ 레오 톨스토이

"초원이 다리는 백만 불짜리 다리! 몸매는 끝내줘요!"

이는 영화 〈말아톤〉에 나오는 대사이다. 초원이 자폐증 진단을 받자, 엄마 경숙은 그 현실에 슬퍼한다. 어느 날 경숙은 다섯 살 지능을 가진 초원이 달리기만큼은 남들보다 월등히 잘한다는 것을 알게 된다. 엄마는 아이가 꿈을 꿀 수 있도록 곁에서 도와준다. 물론 엄마는 아이가 진정으로 달리기를 좋아하는지, 달리기를 좋아하도록 억지로 내모는 것은 아닌지 내적 갈등도 겪는다.

이 영화는 실제 인물을 바탕으로 각색되었다. 실제 주인공은 자폐증을 앓고 있는 청년 배형진으로, 2001년 열

아홉 살 나이로 춘천 마라톤에 참가한다. 그리고 마라톤 풀코스인 42.195킬로미터를 2시간 57분 7초에 완주한다. 그 다음해인 2002년에는 무려 철인3종 경기에 나가 국내 최연소 철인3종 경기 완주 기록을 세운다.

TV에서 손 대신 발로 연주하는 피아니스트의 연주를 본 적 있다. 우리의 관념에서, 피아니스트라면 당연히 손으로 피아노 건반을 두드려야 할 것 같은데, 그는 손이 없었다. 발로 연주를 하다니, 가히 인상적이지 않을 수 없다. 사실, 발로 연주하는 피아니스트의 모습은 상상해본 적이 없었다. 그런데 이처럼 꿈을 꾸기 어려운 환경 속에서도 꿈을 꾸고 노력하는 이들이 우리 주변에 심심찮게 보인다. 그럼에도 불구하고 이 시대의 많은 사람이 꿈꾸기를 귀찮아한다. 꿈에 대해 생각하기를 거부하고, 환경 탓만 하는 이가 많다.

"자기 주도적으로 살아라."

"자기 주도적인 학습을 해라."

"자기 주도적인 사람이 되어라."

우리가 정말 많이 듣는 말이다. '자기 주도적'이라는 말이 언제부터 이 사회에 화두가 되었는지 모르겠다. 세상에서 '자기 주도적'이라는 외침이 더 크게 화두가 되고 자주 나오는 것은 우리가 그만큼 수동적인 삶을 살고 있다는 방증이겠다.

학창 시절, 1년에 한 번씩 학생과 부모의 희망 직업군을 생활기록부에 적는 조사가 있었다. 어릴 적부터 꿈이 명확한 아이들은 설문지에 당당하게 적는다. 그들은 부모와 희망 직업군이 같든 다르든 개의치 않는다. 특별히 쓸 것이 없거나 꿈이 뚜렷하지 않은 아이들은 일단 그 시대에 유행하는 직업군을 쓰고 본다. 그래서 선생님, 아나운서, 경찰관, 과학자 등의 직업군이 많이 등장했다. 요즘은 가수, 작가, 큐레이터 등 조금 더 전문화되고 개성 있는 직업군이나 공무원과 선생님처럼 비교적 안정된 직업군을 선호하는 분위기다.

최근 학교들에서는 진로교육에 힘을 많이 쏟고 있다. 인생 목표가 정해져야 진로와 직업적인 꿈이 정해지고, 삶의 방향도 설계할 수 있기 때문이다. 무엇보다 이 사회에서 조금 더 획일화된 인재가 아닌, 참신하고 자기 주도적인 인재를 원하기 때문이다.

2018년 3월에 종영한 MBC 예능 프로그램 〈무한도전〉은 무려 13년간 시청자들의 안방을 찾았다. 처음에는 '무모한 도전'이라는 프로그램 콘셉트처럼, 지하철과 사람과의 달리기 대결, 황소와 줄다리기 등 그야말로 무모한 도전을 황당하게 자행했다. 그런데 PD 김태호의 연출 스타일은 그만의 변칙성과 예측 불가성으로 인기를 끌었다. 김태호는 그만이 할 수 있는 언어와 방식으로 프로그램을 만들었고, 시청자들에게 상상을 초월하는 방송 콘텐츠를 선사했다.

김태호의 콘텐츠는 여느 예능 프로그램보다 자유롭고 신선했다. 처음에는 방송가에서 그의 프로그램을 두고 말이 많았다. 너무 질이 낮다거나 그 인기가 얼마나 가겠느냐 하는 회의성 반응이 대부분이었다. 그런데 도박 같은 실험에 관찰자적 시선이 많아졌고 응원하는 사람이 생기고 차츰 마니아가 형성되었다. 결국 김태호는 자신만의 스타일대로 주도적인 방송 예능 트렌드를 만들어냈다.

성공한 사람들은 모두 가슴속에 큰 꿈을 품었다. 목표를 설정하지 않는 사람들은 목표를 뚜렷하게 설정한 사람들을 위해 일하도록 운명이 결정된다.

■ 브라이언 트레이시

나는 어릴 적부터 진로에 관심이 많았다. 시키고 챙겨주는 사람이나 기댈 곳이 상대적으로 부족했기에 오히려 더 나에 대해 생각할 시간을 많이 가질 수밖에 없었다.

초등학교 때는 막연하게 화가, 아나운서, 선생님 이 세 직업군 중에서 무엇을 하는 게 좋을지, 그리고 어떤 직업이 나에게 적합할 것인가를 고민했다. 중·고등학교 시절에는 교육 분야라는 큰 틀에서 나의 직업적 목표를 향해 서서히 전진했다. 물론 막연하고 막막했던 게 사실이다.

고등학교 때와 대학교 시절에는 꿈에 대해서 좀 더 구체적으로 생각을 했다.

딱히 집안에서 도움받거나 조언을 구할 형편이 아니었기에 나는 꿈에 조금 더 쉽게 접근할 방법을 자기 주도적으로 모색해야 했다. 내가 선택한 방법 중 하나는 책이나 선생님으로부터 도움을 얻는 것이었다. 앞서 말했듯, 고등학교 때에는 독서, 토론생활과 청소년 NGO 단체생활을 하면서 세상 보는 눈을 키웠다. 전국논술토론대회를 준비하면서 다양하고 깊이 있게 책을 읽고 토론했다. 그리고 여러 역사 사건을 취재하면서 조금 더 넓게 사회와 세상을 바라보며, 그 속의 나를 바라보는 기회를 가졌다. 학교를 다니지 않는 탈학교 친구나 대안학교 친구들과도 친분이 있었는데 그들과 만나 놀고 토론하면서 나름대로 비범하고 새로운 세계를 탐구하는 계기도 가졌다. 그때 조금 더 큰 세계와 주도적인 삶을 위한 전초전을 치른 셈이다.

진로와 교육 방법 등에 대한 나의 관심은 자연스럽게 커져갔다. 그리고 현 세대의 학생들이 많은 시행착오를 겪을 수밖에 없으며 자신의 교육 방향성을 주도적으로 찾기란 결코 쉽지 않은 일임을 깨달았다. 이러한 생각의 결과는 철학과 영미문학, 그리고 영어교육 전공으로 현시되었다.

대학교 때는 교직 이수를 통해 학점관리를 하면서도 다양한 활동을 통해 나만의 자기 주도성을 기르기 위해 애썼다. 나는 영어 선생님이라는 직업을 갖기 위해서 교육 관련 학점을 관리하는 데서만 그치지 않았다. 교내 TIME 동아리 활동을 통해 영어 실력을 길렀다. 영어로 발표하는 방법과 리더십을 공부했고 교내 교지 활동을 통해 글 쓰는 방법을 꾸준히 습득했다. 학생 기자로서 교내외 사건을 다수 취재하면서 재미있는 추억도 글도 많이 쌓았다.

자기 주도적 활동을 가장 많이 했던 시기는 대학교 3학년 때이다. 하루 한 끼만 먹을 정도로 밥 먹는 시간도 줄여가며 정말 바쁘게 살았으니, 내 미래에 대해서 제일 치열하게 고민했던 시절이다. 그 당시에는 대학교 전공 학점관리와 동시에 정말 다양한 활동을 했다. '다문화사회와 교육' 해외 프로젝트 진행, 대학생 모의유엔회의 영어위원회 참가, 정부의 TALK(Teach and Learn in Korea) 프로그램에 따른 초등학교 방과 후 및 정규수업 보조교사로서의 참여 등등 교육자로서의 경험을 쌓기 위해 다각도로 노력했다.

특히 '다문화사회와 교육' 프로젝트를 1년간 진행하면서 나의 자기 주도적 삶의 역량을 한층 강화할 수 있었다. 다문화사회와 교육 프로젝트는 그 당시 다문화사회의 도래와 한국 교육의 실제, 그리고 다민족국가인 말레이시아와 싱가포르를 실제 샘플로 필드스터디(Field Study)를 통해, 교육으로 사회를 통합하는 힘을 조사하는 것이었다. 나는 우리나라의 다문화사회와 교육에 대한 시장조사를 위한 국내외 관계자 접촉 및 영어 인터뷰를 담당했다. 누구의 도움도 없이 직접 이메일과 전화로 모든 담당기관에 연락을 취했고, 국내는 물론이고 싱가포르 시장 및 말레이시아 교육부 관계자와의 인터뷰 진행도 성공했다. 또한 초·중·고등학교, 대학교 관계자, 사회 단체, NGO 단체 등의 정부기관 및 민간기관과 접촉, 인터뷰함으로써 각국의 교육을 통한 사회 통합의 힘을 조사했다. 이를 토대로 우리나라와 비교한 데이터와 글을 발표하여 학교에서 상도 받았다.

이처럼 대학교에서 철학과와 영어영문학과 교직 이수, 대학원에서 영어교육 전공을 통해 인문학적 소양 및 교육 방법론에 대한 심도 있는 공부를 했고, 해당 계열의 회사 등에서 연구하며 경험을 쌓았다. 결과적으로 나는 학생들에게 최적의 학습 방향과 자기 주도적 학습 습관, 개인의 자기 주도성까지 길러줄 수 있는 교육계의 스페셜리스트를 꿈꾸었고, 이 꿈에 바짝 다가선 기분이었다. 이러한 꿈과 나의 경험들은 나를 교육계에 몸담게 했다.

그동안 나는 꿈과 진로, 삶에 대해 고민하는 청소년부터 성인까지 수많은 사람을 만났다. 그들이 어떻게 꿈에 접근하고 실현할 수 있을지에 대한 고민은 이 책의 집필로까지 이어졌다.

20대 초반, 짧은 기간 동안 너무 힘든 과제들과 프로젝트들을 한꺼번에 진행하느라 머리가 한 움큼씩 빠지기도 했다. 대학생 모의유엔회의를 준비할 때는 심지어 대학교 정독실(대학교 독서실 개념)에서 밤부터 아침까지 혼자서 작업하는 날도 많았고, 정치외교학과 과실에서 혼자 공부하며 잠을 청하기도 했다. 대학생 모의유엔회의 영어분과 위위원회는 대학교수의 추천으로 한 학교당 몇 명씩만 나갈 수 있었다. 전국의 난다 긴다 하는 대학생들이 다 모이는 소중한 자리에 추천받아 나간 만큼 부담감도 컸고 좋은 성과를 내고 싶다는 욕심 또한 컸다. 그 대회에서 수상은 하지 못했지만 모의유엔회의 스위스 대표로 활동하며, 그 당시 UN 반기문 총장의 영어 연설을 바로 코앞에서 들을 기회도 가졌다.

스위스 대표로서 나는 스위스 기관에 직접 연락하여, 필요한 기조연설 자료를 요청했다. 스위스 정부기관 주요 문서는 프랑스어(Swiss-French)로 되어 있었는데, 이것을 영어로 번역하며 힘들게 자료를 준비했다. 스위스라는 국가를 대변하기 위해 국제정세를 연구하며 미국이나 동아시아 대표들과 조율하는 동안 국제정세에도 제법 눈을 뜨게 되었다. 더불어 세계 무대에서 활동하는 많은 학생과 숙식을 함께하며 주도적인 삶을 향해 한 발짝 나아갈 수 있었다. 그때 만났던 학생 몇은 정말 뛰어난 인재였는데, 미국 대학교 교수가 되는 등 세계 무대에서 활동하고 있다. 그들을 보며 나는 지금도 차근차근 꿈을 성장시키고 있다.

자기 주도적인 삶의 형태는 개인마다 다를 것이다. 꿈을 위한 주도적인 발걸음, 그리고 그 방향에 대해서는 스스로 결정해야만 한다. 나는 어릴 때부터 나의 흥미에 맞는 진로를 선택하고 그 분야가 요구하는 능력을 기르기 위해 노력했다. 고등학교 때까지는 훗날 이 사회에서 활약할 예비 사회인으로서 다양한 진로를 선택하고 꿈꾸고 공부하는 친구들과 어울린다. 그러다가 대학교에 입학하는 스무 살 때부터 처음 사회로 분리되면서, 삶의 현 존재 그 자체로 던져지게 된다. 쉽지 않은 과정이었기에 눈물이 날 때도 있었다. 한 발짝 한 발짝 앞으로 나아가기란 쉽지 않음을 너무나 공감한다.

꿈에 대한 목표점이 아무리 강하고 절실해도, 자기 주도적인 삶을 살기란 쉽지 않다. 지금도 나는 꾸준히 노력하고 있다. 내 삶의 A플랜을 위해 노력하면서, B플랜을 함께 준비하고, 혹시 모를 C플랜을 염두에 두고 함께 진행한다.

꿈을 찾는 일 자체도 어렵고 그것을 실현하기는 더더욱 어렵다는 걸 충분히 공감한다. 그럼에도 궁극의 꿈을 찾고 이루기 위해, 우리 스스로 자기 주도적 삶을 위한 여행을 떠나야 한다. 자기 주도적 삶은 하루아침에 완성되지 않는다. 아름다운 그림을 위해서 한 땀 한 땀 수를 놓는 기분으로 한 걸음씩 전진해야 한다. 우리의 꿈을 위해 큰 크림을 그리고, 그 그림 아래 꿈의 목록과 내용을 채워나가야 한다. 그렇게 가다 보면 조금씩 그림들이 채워진다. 시간차가 있겠지만, 자신뿐만 아니라 타인도 볼 수 있는 어느 시점에 꿈이 이뤄져 있음을 경험하게 될 것이다.

한 걸음씩 나아가는 속도는 자기 주도적 삶의 태도와 실현으로 아주 가속화될 수 있다. 꿈꾸는 경주마가 되기 위한 나만의 주도적 변화를 시작해보자. 이 주도적 변화를 위한 도구를 내 삶에서 돌아보고, 도움이 되는 것들이 무엇일지 절실히 고민할 때 변화가 시작된다.

05

세상 속에서의 나의 꿈

새는 알을 깨고 나온다. 알은 곧 세계이다. 태어나려고 하는 자는 하나의 세계를 파괴하지 않으면 안 된다.

■ 헤르만 헤세

독일의 대문호 헤르만 헤세는 어릴 때부터 작가를 꿈꿨다. 그는 꿈을 이루기 위해 끊임없이 현실과 부딪히고 방황하면서 진정한 자아를 찾고자 치열하게 고민했다. 열두 살 되던 어느 날, 그는 외투도 입지 않은 채 사라졌다가 거의 하루가 지났을 때 지치고 굶주린 모습으로 돌아와서 부모님과 이야기했다.

"작가가 아닌 다른 것은 되고 싶지 않아요."

"말도 안 돼. 넌 신부나 학자가 되어야 해!"

그는 원하지 않은 일로 일생을 보내고 싶지 않았지만

강제적으로 신학교에 입학했다. 하지만 억지로 먹는 밥이 잘 넘어갈 리 없으니, 곧 그만두고 마음이 시키는 일인 작가가 되길 염원했다. 작가에 대한 열망을 지켜내며 헤르만 헤세는 첫 소설인 《페터 카멘친트》를 발표하여 작가로서의 인생을 열었다. 우리가 익히 아는 《데미안》, 《수레바퀴 아래서》와 내가 너무 좋아하는 책인 《싯다르타》 등을 발표한 그는 결국 모두가 존경하는 작가가 되었다. 그는 말했다.

"방황하는 내 소설 속의 주인공들, 그건 나 자신이었다."

헤세가 꿈을 찾아 방황했듯, 자기 꿈의 방향성을 두고 치열하게 고민한 스포츠 선수가 있다. 그는 현재 러시아로 귀화하여 활동하고 있는 전 한국 쇼트트랙 국가대표 안현수, 빅토르 안이다. 지난 소치 동계올림픽에서 그가 8년 만에 쇼트트랙에서 금메달을 차지하였다. 그가 러시아 국적으로 금메달을 획득한 후, 대한빙상연맹은 네티즌의 거센 비난으로 큰 몸살을 앓았다. 그리고 안현수가 국적을 바꿀 수밖에 없었던 배경에 대해서 사람들이 관심을 갖기 시작했다. 그는 월드컵에서 여러 차례 우승하고 좋은 성적을 냈음에도 불구하고, 훈련 도중 심한 부상을 얻어 국가대표 자격을 얻지 못했다. 그런 와중에 대한빙상경기연맹의 파벌 다툼과 여러 잡음으로 말미암아 그는 한국에서의 활동이 어렵다고 판단, 러시아로 귀화했다. 그리고 러시아 선수로서 여봐란듯이 올림픽 금메달을 거머쥐었다.

나는 그를 보면서 꿈에 대한 여러 생각에 사로잡혔다. 한국에서는 파벌 때문에 빙상 분야 코치도 어렵고, 자신이 하고 싶은 일을 할 여건이 되지 않았을 테니 그의 좌절감은 몹시 컸을 것이다. 그럼에도 좌절하지 않고, 자기 꿈을 위해 결단을 내리고 실행에 옮긴 용기가 참으로 대단하다. 이미 전 세계적으로 얼굴과 이름이 알려진 유명한 쇼트트랙 선수로서 국적을 옮겨 활동하겠다는 결정이 과연 쉬웠을까? 물론 한국 국민의 한 사람으로서 대단한 인재를 잃은 것은 무척 아쉽지만, 그 상황으로 갈 수밖에 없었던 그의 상황이 참 안타깝다.

그는 '세상 속에서의 나의 꿈'을 생각해볼 만한 좋은 주제이다. 그가 내린 결단과 행동에 옳고 그름과 가치를 부여하기 이전, 세상 속에서의 내 꿈에 대해서 한번 생각해보면 좋을 듯하다.

나의 꿈은 교육 분야라는 큰 틀 안에 존재한다. 어릴 적 꿈은 선생님이었고, 대학교 때는 영어 선생님·장학사·교육감이었고, 대학원 때는 영어 콘텐츠 개발연구원이었다. 모두 교육 분야 안에서 맥을 같이하고 있다. 20대 중후반에는 영어 선생님으로 활동해보았다. 이후에는 영어 연구원으로서 각종 교재 및 교육 콘텐츠를 만들고, 교수 설계를 하고, 재미있는 교육 프로젝트들을 진행했다. 그렇게 스스로 성장을 거듭했고, 현재도 많은 프로젝트를 즐겁게 진행하고 있다. 아직 해보지 못한 것도 많고 부족한 점 또한 많지만 감히 나는 말할 수 있다. 나의 꿈을 이루며 행복하게 살고 있다고!

물론 이렇게 내가 원하는 것을 하면서 살기까지 먼저 이루어야 할 것들이 많았고, 고통스러운 과정도 겪었다. 교육자로서의 삶을 위해 교직 이수는 물론 대학원도 가야 했고, 갖가지 어려운 시험을 통과해야 했다. 영어 논문도 써야 했고, 별별 난관이 끊임없이 닥쳤다. 그 모든 순간을 꿈을 위한 징검다리로 여기고 훌쩍 뛰어넘기 위해, 큰 돌 작은 돌을 하나하나 건너려고 끊임없이 노력했다. 그 과정에서 교직생활을 계속해야 할지, 연구원생활을 해야 할지, 사업을 해야 할지 등의 고민도 지속되었다.

대학교 때 영어 선생님이 되려고 준비하던 중 일반 대학원 영어교육과에 진학하면서 꿈의 진로가 조금 바뀌었다. 영어 연구원으로서의 스펙과 커리어를 쌓아서 연구원으로 나아가기로 방향을 약간 수정한 것이다. 하지만 지금 이 글을 쓰고 있는 현재, 나의 지난 수년간의 눈물 어린 고민이 덧없음을 깨닫는다.

지금은 영어 선생님으로서 강연도 하고, 사업체를 꾸려 영어 콘텐츠 관련 일도 하고 있다. 교육 외주 프로젝트를 통해 영어 교과 설계도 하고, 회사 소속으로 교육 영상 관련 작업도 하는 등 여러 프로젝트를 진행하고 있다. 그러니 현재는 내가 고민했던 두 개의 일을 다 하고 있는 셈이다. 더불어 어릴 때의 꿈이었던 화가, 미술작가로서 데뷔하기 위해 전시도 준비 중이며 작가로서의 글 쓰는 삶도 기쁘게 진행하고 있다.

교육 분야에 있으면 당연히 학생, 학부모를 많이 만나게 된다. 지금도 학생, 성인 들에게 영어를 가르치면서 멘토링을 하고 있다. 놀라운 사실은, 생각보다 많은 이가 꿈이 없다는 사실이다. 꿈이 있다고 해도, 명확하지 않은 경우가 많다. 부모님이 정해준 것이거나, 주위 친구들에게 인기 있는 최신 트렌드의 직업인 경우가 많다. 이 속에서도 뚜렷한 목표가 있으면 다행이나, 정말 무엇을 하고 싶다는 마음조차 없는 경우가 많다.

나는 교육 분야로 진로를 비교적 일찍 정한 편이었는데, 세부 분야를 설정하는 게 힘들었다. 그리고 지금도 세부 분야와 그 방향에 대해 고민 중이다.

요즘 청소년들과 성인들을 보면 자신의 꿈 자체에 대해 생각하고 설정하는 과정 자체를 미루는 것 같다.

2016년, 전국의 몇몇 학교에서 진행된 진로캠프 강연에 강사로 나선 일이 있다. 강연을 통해 인연 맺은 학생들도 있는데 그중 한 남학생 A는 지금까지 나와 소통하며 지낸다. 대부분의 학생이 강연 이후 적극적 관계 형성에는 소홀한데, 그 친구는 무척 적극적으로 연락을 취해왔고 미래를 꾸려보고자 했다.

나는 사정이 어려운 A에게 멘토링도 해주고, 밥 잘 사주는 누나처럼 맛있는 밥도 사주곤 한다. A는 어머니와 둘이서 사는 데, 경제 사정이 정말 좋지 않다. 그런데 A에 따르면, 어려운 경제적 가정환경보다 더 자신을 힘들게 하는 것이 있으니, 자신의 평소 고민이나 미래 진로에 대한 고민을 의논할 사람이 없다는 것이었다. A는 나를 만난 게 정말 다행이고 행운이라고 말해주었다. 학교에서 선생님과 의논할 수 없는 것을 나와 의논할 수 있어 기쁘다고 했다. 오히려 나는 꿈과 미래에 대해 그토록 적극적인 학생을 만나 기뻤다. 하지만 동시에 하루 특강 강사에 불과한 나에게 의지하는 학생의 현실에, 학교에서 얼마나 기댈 사람이 없으면 그럴까 하며, 제도권의 교육에 회의감이 들기도 했다.

나는 A와 소통하며, 그의 꿈을 위해 내가 할 수 있는 일이 무엇일지 생각해보았다. 그래서 발견한 것이 자신을 돌아보는 일, 자신이 좋아하는 것을 찾는 일, 자신을 현재 필요로 하는 곳이나 분야에 대해 탐색해보는 일, 이 세 가지 작업이다. 하고 싶은 것이 뚜렷하지 않고, 환경이 좋지 않은 A에게 힘들지만 자신을 알고, 돌아보는 작업이 필요하다는 생각에서 선택한 것들이다.

나는 A에게 자신을 돌아보는 글쓰기 과정을 추천했다. 영화를 좋아했기에 영화를 보고 자기 삶에 투영시킨 후

매일 글을 쓰도록 숙제를 내주었다. 글을 처음 받았을 때는 엄청 놀랐다. 생각보다 글을 정말 잘 썼고, 작문에 소질이 있어서 영화 칼럼니스트를 추천했을 정도다! 시간이 조금 지난 후에는 매일은 아니지만, 꾸준히 글쓰기를 시켰고 더불어 여러 체험 활동에 많이 참여하게 했다. 많은 입력(Input)이 있어야 많은 생각의 결과(Output)가 나오기 때문이다. 2년 동안 갖가지 우여곡절이 있었지만, 현재 A는 요리를 전공하고자 중국 유학을 준비 중이다.

나는 A가 정말 대견하고 기특했다. 내가 처음 A를 만났을 때만 해도 A는 명확한 꿈도 하고 싶은 것도 없었다. 무엇보다 가정환경 때문에 부정적인 에너지가 많은 학생이었다. 그러나 2년이 지난 지금, 그는 멋진 청년이 되어 있다. 밝은 에너지를 가지고, 미래의 희망을 이야기한다. 이렇듯 꿈을 꾸는 사람들은 꿈을 꾸지 않는 사람들과는 다른 특별한 변화를 만들어낸다.

1, 2년만 자신의 꿈을 위해 노력해도 살아갈 길이 달라진다. 꿈을 위해 노력한다면 꿈을 꾸지 않는 사람들에 비해 꿈을 이뤄가는 가속도는 100배 이상이다. 1년, 2년, 5년, 10년 기간이 길어질수록, 꿈에 대한 열망과 자신이 그

동안 이뤄놓은 결과물들이 쌓이면서 갑자기 어느 순간 잠재력이 폭발한다.

오늘날, 직업의 벽이 사라지고 있다. 의사도 미술작가가 될 수 있고, 선생님도 밤에는 힙합가수를 하는 시대이다. 나 역시 지금도 다양한 꿈을 꾼다. 영어 선생님으로서 사람들에게 도움이 되고 싶고, 영어 콘텐츠 개발자로서 더 멋진 영어 콘텐츠와 영어책을 만들고 싶다. 뜻이 잘 맞는 구성원들과 디자인 및 개발물로 교육 프로젝트를 진행하고 싶고, 재미있는 영어 교과서로 아이들의 영어 공포증을 없애주고 싶다. 희망 교육이라는 전제 아래, 유화나 아크릴 등으로 그림을 그려 미술 전시회도 많이 여는 미술작가이자 글을 쓰는 작가가 되고 싶다.

지금 나는 선생님인 동시에 이미 화가이기도 하다. 그리고 강연 기획을 하면서 직접 사회를 보고 있기에, 부족하지만 아나운서라고도 말할 수 있다. 유명한 화가도 아나운서도 아니지만, 나는 내가 어릴 적 꿈꾸었던 일을 이미 몇 년 전부터 하고 있는 셈이다.

미술 전시회를 열고 싶다는 꿈을 이루기 위해 3년 전에는 미술작가이자 현직 선생님에게 몇 달간 미술을 배우기도 했다. 운 좋게도 멋진 작가님을 만나 내가 깨달은 것은 누구나 그림을 그릴 수 있다는 것, 그리고 정형화된 틀은 없다는 것이다. 이 글이 세상에 나올 즈음에 맞춰, 나는 서울의 작고 멋진 갤러리에서 '함께하는 꿈 전시회'를 열 계획을 세웠다.

우리는 우리가 어떤 사람인지 알고 있다. 하지만 어떤 사람이 될 수 있을지는 알지 못한다.

■ 윌리엄 셰익스피어

나는 꿈꾸는 것도 이러한 이치라고 생각한다. 꿈을 꾸는 데는 제한이 없다. 누구나 꿈을 꿀 수 있고, 그 꿈은 정형화된 규격도 없다. 어릴 때부터 내가 좋아하는 것, 싫어하는 것을 고민하고 구별 짓는 연습을 많이 한 우리 아닌가. 내가 누군지 어떤 사람인지 끊임없이 탐구하는 과정에 있었던 우리 아닌가.

꿈의 방향성과 그것을 실천할 옳은 방법에 대해서는 지속적으로 고민해야 하고, 그 과정에서 열렬히 갈구해야 한다. 꿈을 이룰 방법을 집요하게 탐구해야 한다. 동시에 세상이 나의 꿈을 비난하고 나를 도와주지 않더라도 긍정적 방향을 모색하고 꿋꿋이 버티는 힘을 길러야 한다. 쉽게 좌절해서는 안 된다. 꿈을 위해 앞으로 나아갈 주체적인 힘을 키우는 것이 무엇보다 중요하다. 그 주체적인 힘으로 자기 주도적인 삶을 살아갈 때 꿈은 실현된다. 나의 꿈은 소중하다. 소중한 나의 꿈을 지켜내고, 키워낼 힘을 갖추어야 한다.

꿈을 갖고 있는 것만으로도 변화가 시작된다. 이러한 변화를 위해서 끊임없이 노력하고, 자신이 할 수 있는 일을 생각해야 한다. 나 자신을 끊임없이 탐구하고, 좋아하는 것과 싫어하는 것을 구별해야 한다. 그렇게 자신에 대해 꾸준히 생각하는 습관을 가질 것을 추천한다.

Part 2

꿈 스터디
프로젝트

01

꿈을 찾기 위한 노력

목표가 확실한 사람은 아무리 거친 길이라도 앞으로 나갈 수 있다. 그러나 목표가 없는 사람은 아무리 좋은 길이라도 앞으로 나갈 수 없다.

■ 토머스 칼라일

초등학교, 중학교, 대학교, 그리고 대학원까지의 학창 시절, 나는 베스트 우등생은 아니었다. 하지만 나는 성실하고 착하고 꿈 많은 학생이었다. 대학교와 대학원에 다니면서 부수적으로 사회생활을 했을 때와 학교 테두리에서 벗어나 완전한 사회인으로 직장생활을 했을 때는 그 느낌이 무척 달랐다.

어릴 때 많이 아파서 1년을 쉬고, 외국에서 잠시 있느라 1년, 그리고 대학원 2년 반 때문에 나의 사회생활은 20대 후반에 시작되었다. 첫 직장은 대학원 교수님의 추천으로 들어갔는데, 꽤 고달픈 도전의 연속이었다. 좁은 사무실에서 몇십 명과 하루 종일 동시에 여러 프로젝트를 수행했다. 첫 직장생활은 꿈과 현실 사이에서의 괴리를 실감하면서 커진 상실감 때문에 무척 힘들었다.

대학교 때까지는 영어 선생님을 목표로 몇 년을 내달렸다. 멋진 선생님을 꿈꾸며 임용시험도 준비했다. 동시에 영어 콘텐츠 측면으로 조금 더 공부하고 싶어서 대학원을 갔고, 영어 콘텐츠 개발연구원, 영어 프로젝트 진행 책임자로 진로 방향을 살짝 전환하였다.

대학원 시절부터 느낀 거였지만, 내 꿈의 직장에서 일하는 이들은 실제로는 너무 바쁘고, 너무 많은 업무를 한꺼번에 처리하느라 일에 재미를 못 느끼는 것 같았다. 꿈의 직장이라 생각했던 EBS의 수능 교육부에 갔을 때 창고 같은 회의실을 보고 얼마나 놀랐던지! 팀장님의 책상만으로도 열악한 근무 환경에 큰 충격을 받았다. 타이틀과 직급으로는 화려하고 멋지게만 보였던 직업도 실제 근무자들은 일 때문에 힘들어하는 경우가 많았다. 내가 상상해왔던 모습이 아니었기에 현실에 극심하게 실망했다.

당신만이 느끼지 못할 뿐, 당신은 매우 특별한 사람이다.

■ 데스몬드 투투

최근 한 기관에서 발주한 교육 영상을 디렉팅할 기회가 있었다. 상황과 대본에 맞게 한국인 배우들과 외국인 배우를 섭외하고, 한 명 한 명 미팅을 거쳐 콘셉트를 설명하고, 주의 사항을 전달했다. 그리고 촬영 당일의 식사 등 모든 사항을 체크하고 준비했다. 하루 종일 촬영 메인 PD 두 명과 실사 영상 촬영을 함께했는데, 아침 일찍부터 저녁 늦게까지 밥 먹을 틈도 없이 빡빡하게 진행되었다.

막연히 상상했던 PD의 모습과 협업하면서 실제로 본 PD의 모습은 확연히 달랐다. 내가 느낀 바로는, PD라는 직업은 거의 막노동이었다. 촬영 장면이 많을 경우, 촬영 시간은 그야말로 어마어마하다. 보통 인적이 드문 시간대, 즉 이른 새벽이나 야밤에 촬영이 이루어지는 경우가 많다. 한마디로 남들이 쉴 때 그들은 일한다.

나와 협업할 때 촬영팀 6명이 왔는데, 내가 메인 프로젝트 디렉팅을 했다. 3명의 보조 스태프는 내 지인 중에 구했는데 한 명은 책도 출간한 경력이 있는 H 대기업 소속의 남자 선생님, 한 명은 유네스코의 강사 선생님, 한 명은 PD를 꿈꾸는 학생 B였다. 그때 B를 위해서 PD와 이야기하는 시간을 가졌다.

촬영 PD는 "PD라는 직업은 거의 막노동이라 힘들며, 이 직업을 천직이라고 생각하지 않으면 견디지 못할 거예요"라고 말했다. 정말 작업을 같이 해보니, 그 말이 어떤 말인지 확 와 닿았다. 그날은 총 30개의 다른 신을 찍었는데, 한 신마다 최소 20~30분 이상 걸렸다. 게다가 촬영이 끝나면 오디오 따로 촬영 따로, 하나하나 신을 따야 했다. 여러 제반 사항을 고려하여 편집하고 효과도 넣어야 하니 정말 손이 많이 가고 시간도 많이 걸리는 일이었다. 혹시 돈만 보고 직업을 선택하거나, 혹은 멋있다는 이유로 PD를 택하려는 사람이 있다면 다시 한 번 생각해봐야 할 것이다. 소통하기를 좋아하고, 리더십도 있어야 하고, 시간 관리도 잘하는 것이 PD의 필수 요건이지 싶다.

나는 20대 후반에 꿈과 미래, 그리고 직업과 관련하여 혼동을 느낀 적이 있었다. 20대 초중반, 대학교와 대학원에서는 내게 허용된 삶과 주어진 조건에서 최대한 열심히 공부했고, 스펙과 여러 실제적 경험치를 쌓았다. 무조건

열심히 임했다. 그때는 직업적 성공을 미래의 성공으로 간주한 시절이었다. 예를 들면 영어 선생님이 김은화요, 영어 연구원이 김은화이다. 이런 직업적 정체성(Identity)을 나로 간주했던 시절이었기에 첫 회사를 다닐 때 너무나 혼란스러웠다.

학교라는 안전한 굴레에서 공부하고 인간관계를 맺다가, 처음 접한 야생의 직장생활. 대학원 교수님의 추천 덕분에 입사는 쉬웠지만, 모든 업무에 미숙했다. 일 때문에 야단을 맞거나 동료들에게 좋지 않은 소리를 듣자면 견디기가 힘들었다. 이제껏 학교에서는 나쁜 이야기를 들을 만한 일도 없고 들을 이유도 없었는데, 회사에서는 줄줄이 질책을 당하니 정말 죽을 맛이었다. 이렇게 구박이나 받자고 지금껏 열심히 살았나 하는 자괴감에, 회사를 그만두고 싶어 갈등한 적이 수도 없었다.

그로부터 몇 년 후, 어쩌면 최근에서야 깨달은 것이 있다. 그것은 '직업이 곧 꿈은 아니다'라는 점이다. 그리고 직업이 꿈의 전부가 될 수 없다는 사실이다. 어릴 때는 꿈이 곧 직업(꿈 = 직업, 나의 꿈 = 선생님)이라고 어찌 보면 단일론적 사고를 했다. 그래서 영어 연구원이었을 때, 그리고 영어 교사였을 때 직업에서 오는 스트레스나 허망함 때문에 앞으로 달려갈 원동력을 잃기도 했다. 자아가 무너지기도 했고, 동시에 자존심이 나락으로 떨어지기도 했다. 다행히 이제 직업은 내 꿈의 수단 중 하나일 뿐 곧 내가 아님을 알고 있다. 꿈을 이루는 데, 직업과 나를 분리하여 생각하는 노하우가 생긴 것이다.

> **오늘의 나를 완전히 죽여야 내일의 내가 태어나는 것이다. 새로운 나로 변신하려면 기존의 나를 완전히 버려야 한다. 너는 네 자신의 불길로 너 스스로를 태워버릴 각오를 해야 하리라. 먼저 재가 되지 않고서 어떻게 거듭나길 바랄 수 있겠는가?**
>
> ■ 프리드리히 니체

20대의 나는 정말 나를 가꾸고, 교육적 경험을 쌓고, 내가 할 수 있는 최대한의 스펙을 쌓는 데 몰두했다. 나름대로 최선을 다해 공부했고 일했다. 하지만 그 속에 직업적 성취만 있었지, 진정한 내가 없었음을 어느 순간 깨달았다. 그 속에서는 단지 직업적인 껍데기만 있었던 것이다. 직업이 나인지, 아님 내가 그 직업을 의미하는지, 혹은 꿈이 나인지, 혼동의 시간을 보냈다. 나는 꿈과 현실 사이를 방황하면서 나를 찾기 위해 노력했다. 그 혼돈 속에서 진정으로 내가 원하는 꿈을 찾기 위해 고민했다.

머리로 생각하고 가슴으로 믿을 수 있다면 무엇이든 성취할 수 있다.
■ 나폴레온 힐

생존을 위해서 하루하루 일에 파묻히고 힘들게 살아가다 보면 진정한 나를 발견하기가 어렵다. 진정한 나를 꿈꾸는 것은 더욱 어렵다. 먹고살기 바빠서 이른 아침부터 밤늦게까지 일하다 보면, 체력적으로도 정신적으로도 괴롭다. 그래서 일을 마치고 나면 다른 것에 대해 생각할 겨를이 없다.

이 상황을 학생에 대입해보자면 이렇다. 한 과목 한 과목마다 주어지는 숙제와 시험들이 힘겹다. 공부를 왜 해야 하는지도 아직 잘 모르겠는데, 어른들은 '일단, 무조건' 공부를 하라고 한다. 내가 무엇이 되고 싶은지도, 무엇을 하고 싶은지도 잘 모르겠다. 그리고 꿈은 어떻게 꾸는 것인지도 알 수 없다.

이렇게 갈피도 못 잡는 삶인데, 왜 많은 이가 꿈을 가지라고 말하는 걸까? 목표가 확실한 사람은 아무리 힘들어도 앞으로 나아갈 수 있기 때문이다. 그러니 꿈을 찾는 노력을 게을리해서는 안 된다. 오늘부터 꿈 스터디 프로젝트를 시작하자. 꿈을 꿀 수 있다는 것 자체가 행복이다.

꿈을 꾸는 것은 미룰 수 있는 성질의 것이 아니다. 나이를 떠나 성인이고 직업을 갖고 있다 하더라도 꿈을 꾸어야 한다. 제2, 제3의 인생을 위한 도약을 준비해야 한다. 꿈에 대해 게으르다는 것은 나 자신에 대한 사랑이 없다는 방증이다.

나는 아직도 열렬히 꿈을 꾼다. 이 글을 쓰고 있는 지금도 내일이 무척 기대된다. 내일이 기대되고, 일주일 후, 한 달 후, 일 년 후를 기대하며 하루하루를 살고 있다. 그리고 미약하지만, 하루하루 나의 내일을 위해 오늘도 꿈꾸며 그 꿈의 실현을 위해 한 발짝씩 떼고 있다.

더 이상 꿈꾸는 작업을 내일로 미루지 말자. 하루하루를 소중하게 생각하자. 이 글을 읽고 있는 지금, 나와 세상에 대해 그리고 나의 꿈에 대해서 치열하고 맹렬하게 고민해보자.

02

우연한 기회

특별한 기회가 올 거라며 기다리지 마라. 평범한 기회를 붙잡아서 특별하게 만들어라. 약자는 기회를 기다리지만 강자는 기회를 스스로 만든다.

■ 오리슨 스웨트 마든

"아, 나는 왜 이리 되는 일이 없지? 다른 사람들은 다 자신이 원하는 대로 잘 살아가는 것 같은데…… 나는 되는 일이 없어…… 힘들기만 해!"

살면서 이런 푸념을 해본 적이 있을 것이다. 잘나가는 타인의 삶을 부러워하고 자신을 반성하고 채찍질하면서 드는 생각이겠다. 라디오나 텔레비전 사연을 접하자면, 유달리 운이 좋은 사람들이 있다. 사연을 쓰는 족족 뽑히는 사람이 있는 것처럼, 하는 일마다 거의 잘되는 사람들이 있다. 왜 그럴까? 그것은 과연 우연일까, 필연일까? 우연한 기회를 행운 그 자체로 만드는 방법은 없을까? 타인과 능력도 비슷하고 똑같이 성실하게 노력한 것 같다. 하지만 나의 인생만 그리 잘 풀리지 않는 것 같다. 왜지?

나도 세상을 살아오면서 정말 수많은 기회와 혹은 삶의 우여곡절을 접했다. 최근 몇 년 사이에도, 몸과 마음이 최악의 상태로 떨어지기도 했고, 나름의 성공과 기쁨으로 천국을 오가기도 했다. 그러던 중 몇 년 전, 내 인생에 큰 전환점이 된 일이 있었다.

몇 해 전까지 나는 한 회사의 영어 콘텐츠 개발연구원이자 프로젝트 책임자였다. 하루 종일 영어 프로그램 교수 설계에 대해서 팀 구성원들과 토론하고, 발표하고, 영어 콘텐츠에만 몰두했다. 물론 영어 콘텐츠 제작 작업이나 프로젝트 진행은 현재도 하고 있는 일이다. 그 당시, 내가 하던 일들 중 하나는 영어 지문과 그에 해당하는 문항과 보기를 만드는 일이었다. 영어 지문의 경우, 짧으면 170자(수능 영어영역 19번 문항 기준) 길면 1,000자(수능 장문 독해와 비슷하거나 긴 수준)가 넘는 콘텐츠를 만들며, 하루 종일 영어 그 자체에만 몰두했다. 물론 내가 좋아하는 일이고, 내가 기획한 프로젝트의 콘텐츠를 만드는 일이라

재미있었다. 그리고 내가 만든 콘텐츠에 좋은 피드백이 오면 그 심리적인 보상은 아주 컸다.

그럼에도 어느 순간 영어와 교육, 그리고 영어 콘텐츠가 어떠한 수단이 아닌 그 목적 자체로 인식되었다. 그리고 어느 순간 엄청난 스트레스로 다가왔다. 콘텐츠 하나하나를 완성하는 기쁨과 보람도 컸지만 큰 숲을 보고 싶은 나에게 이 일은 너무 작은 나뭇가지로만 생각되었다. 그렇게 일에 대해 회의감이 들 무렵이었다.

"칠월 십팔 일에 강연하실 수 있는 분?"

일주일에 100~150명 정도 모이는 큰 독서 모임이 있는데 거기서 강연할 사람을 찾고 있었다. 나도 정기적으로 가는 독서 모임이었는데 규모도 크고 20~40대의 지성인이 주 참석자였다. 그 독서 모임의 2주년 행사에 필요한 강연자 모집에 내가 지원했고, 운영진의 승인을 받았다. 이것이 나의 첫 외부 강연이었다. 학교나 학원에서 아이들을 가르치는 게 아니라, 성인들 앞에서 하는 첫 강연 말이다.

강연 제목은 '꿈 스터디: 꿈을 실현시키는 방법을 공부하다'였다. 학창 시절부터 직장 시절까지 나름대로 힘든 환경에서 꿈을 꾸고 꿈을 실현시키는 방법을 탐구해온 경험을 살려, 꿈을 이루는 데 효과적인 방법과 도구를 설명하고 토론하는 시간을 가졌다. 꿈 많은 대학생부터 열렬히 현업에 종사하고 있는 30대, 40대까지 약 70여 명의 성인이 함께했다. 그리고 또 다른 강연자로 30대 의사와 사업체를 여러 개 운영하는 사업자가 있었다. 어찌 보면 사회적으로 훨씬 성공한 그들 앞에서 꿈에 대해 논하고, 꿈 실현 방법을 논한다는 게 부끄러울 수도 있었다. 무엇보다 내가 강연을 잘 못하면, 행사 분위기를 망칠 수도 있는 그런 부담스러운 자리였다.

몇 주 동안 정성스레 준비한 강연을 끝낸 후, 몇 명이 찾아왔다. 혹시 강연 PPT를 받을 수 없냐면서 내 연락처를 묻고 소통하고자 했다. 나는 정말 신이 났다. 사실, 그 강연은 그 당시 내가 책으로 내고 싶었던 책 내용의 일부를 편집하여, 강연 콘텐츠로 축소한 것이었다. 그리고 지금, 내가 그때 전하고 싶었던 내용을 많은 이와 함께 나누고 교감할 수 있는 책으로 낼 수 있다는 생각만으로도 나는 가슴이 벅차다.

우연한 기회로 첫 외부 강연을 한 나는 좀 더 구체적인

'꿈 스터디' 프로젝트를 시작했다. 내 생각에는 효과적인 꿈 스터디의 도구가 다른 사람들에게도 좋은지, 실제로 함께 경험해보고 싶었다. 다음 날, 또 다른 독서 모임에서 대학생 청년 '두 명을 만나 나의 강연 이야기를 공유했고, 그들은 나와 함께 5주 동안의 꿈 스터디 프로젝트를 시작했다. 그들과 더불어 꿈에 대해 토론하고, 그것을 구체화할 방법을 연구했다. 그렇게 한 주 한 주 실행해 나아갔다. 그리고 함께 실전적으로 꿈을 꾸기 시작했다.

그 어떤 위대한 일도 하루아침에 이루어지지 않는다.

■ 에픽테토스

살아가는 동안 우리는 정말 여러 번의 기회와 우연한 일들의 연속에 놓인다. 기회를 내 삶의 중심으로 만들고, 꿈의 가지로 키워나가는 것은 전적으로 우리 몫이고 능력이다. 기회를 그냥 흘려보내지 않고, 우연을 기회로 포착하는 것이야말로 행운이 아닐 수 없다. 우연한 기회에 마음을 기울이고, 우연을 기회로 바꾸는 인생을 살아보면 어떨까?

나는 인생을 살아오면서 내 친구들보다는 불운한 사건을 많이 겪었다. 그 당시에는 정말 죽고 싶을 정도로 힘들었지만, 지나고 보니 일련의 사건들로 통찰력과 깨달음을 얻었다. 그래서 또래들보다는 조금 더 성숙한 면도 있고, 조금 더 순수한 면도 있다.

힘든 일을 잘 보내고 나면 그 일들은 기회이자 무기가 되어 미래에서 손짓을 보낸다. 당신에게 다가오는 우연한 기회들에 마음을 열어라. 그리고 맹렬하게 도전하라. 치열하게 도전하고 인생의 길을 발견하는 자에게 기회가 온다.

지금 고민에 빠져 있다면 주저하지 말고, 다가온 기회에 도전해보라. 우연을 기회로 바꾸는 연습을 하고, 우연한 기회를 행운으로 바꾸는 인생을 살자. 이것이 조시내 선생님이 어릴 적 내 인생에서 제일 중요하게 주신 가르침이다. 그리고 나는 그 가르침을 기반으로 청소년기를 보냈고 성인기를 보내고 있다.

"준비된 사람이 되어야 한다. 평소에 자신의 꿈을 위해 열심히 노력해야 하고 그에 맞는 실력을 길러야 한다. 그리고 우연한 기회가 찾아왔을 때, 그 기회를 잡을 수 있어야 한다. 그 기회는 성실히 노력한 사람에게 찾아온다."

선생님의 가르침은 내 삶의 중추에서 항상 작용 중이다. 이 가르침을 마음속에 품고, 미약하지만 조금씩 노력하고 성장하려 애썼다. 삶에서 기회는 항상 찾아온다. 그 기회가 왔을 때 단번에 잡아챌 준비가 되어 있어야 한다.

기회는 문을 두드리지 않으며, 여러분이 문을 두드려 넘어뜨릴 때만 주어진다.

■ 카일 챈들러

준비된 사람에게 기회가 오는 것일까? 아니면 꿈을 꾸는 사람에게 기회가 오는 것일까? 열렬히 준비하고, 원대하게 꿈꾸는 사람에게 기회가 찾아온다. 우연의 기회는 기다리는 이에게는 쉽게 오지 않는다. 우연의 기회를 내 것으로 만들기 위해 노력하자.

03

꿈을 만난 사람들

사람들은 맹인으로 태어난 것보다 더 불행한 것이 뭐냐고 내게 묻는다. 그럴 때마다 나는 "시력은 있되 비전이 없는 것이다"라고 답한다.

■ 헬렌 켈러

첫 강연을 시작하고 내 주변에 많은 일이 벌어졌다. 그리고 신변의 변화도 생겼다. 강연 후, 한 달도 안 돼 잘 다니던 회사를 그만두고 휴식을 취했다. 그야말로 달콤한 휴식이랄까. 나는 학창 시절 초등학교 때 교통사고로 학교에 못 간 기간을 제외하고는 고등학교 때까지 결석을 한 적이 없다. 대학교 때는 방학 기간에도 정말 바쁘게 활동했다. 대학원 때부터는 학업과 생계형 아르바이트를 동시에 하느라 일주일 내내 밤낮없는 인생을 살았다. 그러니 학창 시절부터 대학원 시절까지, 그리고 첫 회사와 두 번째 회사를 거치면서 제대로 쉬어본 적 없었던 내게 그 야말로 꿀물 같은 휴식 시간이었다. 어쩌면 이것이 내 삶의 마지막 휴지기일지 모르겠다는 생각을 했을 정도다.

휴식다운 휴식을 취하는 몇 주간, 찾아뵙지 못했던 은 사님들도 만나고 사람들도 만났다. 그리고 내가 정말 원하는 것에 대해 탐구할 시간을 가졌다. 서른한 살의 나이였다.

가족들은 놀고 있는 나를 걱정 가득한 시선으로 보았다. 결혼하려면 돈도 모아야 하고, 조금 더 직장생활을 해야 사회적 경험치도 쌓을 수 있다는 말이 항상 뒤따랐다. 사실 직장을 그만두면, 생계가 제일 걱정이긴 하다. 하지만 일단 퇴직금으로 6개월 정도 버틸 수는 있었다. 그 돈은 내가 하고 싶은 것에 쓸 총알이기도 했다.

어찌 보면 나는 그 당시, 사회적 시선으로는 약간 뒤처진 사람이었다. 결혼이나 결혼자금은 차치하고라도 조금 불안하고, '이래도 되나?' 하는 생각을 지울 수 없었다. 하지만 '이 시기가 나의 인생에서 기회일 수 있다'는 마음이 컸다. 그리고 흥분되었다. 사막의 오아시스 같은 시절이랄까. 삶의 휴식기였던 그때 그 시절은 꿈을 위해 도전할 수 있는 중대한 시간이었다. 어쩌면 황금기인 내 인생에서 마지막일지도 모를 시기 말이다.

그 시기에 하고 싶었던 것을 정말 많이 했다. 그중 하나가 미술 작업이다! 집 사정 때문에 시도도 못 해본 화가의 꿈을 조금 펼쳐보았다. 평소 알고 지내던 미술작가님 소개로, 현직 유화·아크릴 작가님 밑에서 몇 개월간 레슨을 받았다. 판교 예술의 거리에 있는 작업실에서 매주 화요일 세 시간씩 레슨을 받고, 작업실을 닫는 저녁 일곱 시까지 그림을 그렸다. 온전하게 그림을 그리는 그 순간에는 정말 온갖 고민이나 번뇌를 잊고 보냈다.

지금 생각해도 참 행복한 시간이었다. 수업을 받는 것이긴 하지만, 세 시간 동안 내가 그리고 싶은 대로 유화나 아크릴화를 그렸고, 함께한 작가님들은 필수 기술이나 물감 혹은 종이 등에 대한 조언으로 그림 그리는 제반 사항을 도와주었다. 입시미술 같은 포트폴리오 작업의 느낌이 아니었기에 더욱 신나고 재미있었다.

내가 제일 좋아하는 화가 중 한 명은, 후기인상주의의 대표 화가 빈센트 반 고흐이다. 반 고흐의 작품 중에서는 〈해바라기(Sunflower)〉를 제일 좋아하는데, 그 이유는 내 영어 이름이 'Sunny'이기도 하고, 은은한 노란빛이 희망을 주는 듯해서다. 해바라기는 태양처럼 뜨겁고 격정적으로 열망하는 나 자신을 대변해준다. 그래서 나는 해바라기를 모태로 몇 가지 그림을 캔버스에 올렸고, 추후 교육을 주제로 몇몇 분과 함께 공동 전시회를 열겠다는 꿈을 키웠다. 집에 보관하기에는 작품 캔버스들이 너무 커서, 내가 그렸던 큰 그림들은 미술 활동을 하는 분의 작업실에 보관해둔 상태다.

진정한 발견이란 새로운 땅을 찾아나서는 것이 아니라 새로운 눈으로 주위를 보기 시작하는 것이다.

■ 마르셀 프루스트

그러는 동안에도 내 주변 사람들과 가족들은 여전히 나를 걱정했다. 지금 직장도 안 다니고, 그림을 그릴 때냐고. 나를 잘 모르는 분들은 판교 작업실에서 그림을 그리고 택시를 타고 다니니, 나를 엄청 '엄친딸'쯤으로 여겼고 소문도 그렇게 났다. 물론 나는 부잣집 딸도 아니요, 그저 한가하게 용돈 받으며 그림이나 그릴 수 있는 상황도 아니었지만 내 꿈의 일환으로 투자 및 힐링의 시간을 가진 것이다. 더불어 그 시간은 순수하게 명상의 시간이기도 했다. 그림을 그리면서 온전히 나에게 집중하며, 색채에 집중하고, 미술 작업 자체에 집중하면서, 나 스스로를 다지는 시간을 가진 셈이다.

이로써 미술작가들이나 예술가들과 조금 더 소통할 수 있었고, 이 시기에 미술 행사 'Think and Art'를 기획하여 진행하였다. 나는 'Think part'를 맡고, 미술작가는 'Art part'를 맡아 자화상 그리기를 주제로 여러 번 행사를 진행했다. 2015년 처음 진행했던 'Think and Art' 참석자는 대학교수, 플로리스트, 한의사 등 세 분이었고, 2017년 상반기에는 최대 12명이 동참했다. 그중 4명은 외국인이어서, 행사를 영어로 진행했다. 이 행사에서 우리는 스스로에 대해 고민하고 이를 자유롭게 미술 작품으로 표현하여 토론도 했는데, 그 자체로 힐링이 되는 기회였다. 또한 한지로 부채, 등, 엽서 만들기 등을 하며 일반 대중에게 미술이라는 매체를 이용하여 자신에 대해 토론할 시간을 제공했다. 이렇게 교육과 미술을 함께 엮음으로써 나의 꿈을 실현하기도 했다.

미술을 한다고 해서 꼭 전시회를 열어야 하는 것은 아니다. 내가 그림을 그리고, 이를 다른 사람들과 공유하는 것, 내가 'Think and Art'라는 행사를 함께 진행한 것 자체가 어찌 보면 작은 전시회였다. 그러니 하나의 꿈을 이룬 것이라고 할 수 있다.

그 후로도 언젠가 한 번은 제대로 된 전시회를 하고 싶다는 꿈은 여전히 유효했다. 그리고 머지않아 유명한 현직 도예작가, 캘리작가, 플로리스트들과 더불어 '함께하는 꿈 전시회'라는 이름으로 전시회를 열게 되었다. 정말 꿈만 같았다. 도예작가님과 함께 저녁 식사를 하다가, 나의 아트 전시 기획 아이디어를 설명하니 너무 재미있을 것 같다는 호응을 얻었는데 결국 함께 전시회를 열게 되었으니! 작가님은 당장 서울 충무로의 한 갤러리 관장님과의 미팅 자리를 주선해주었고, 이야기가 잘 진행되어 2018년 6월 일주일간 함께 영광스런 전시회를 가질 예정이다. 이 전시회는 꿈 전시회 겸 꿈 콘서트 형식으로 진행되는데, 오프닝 공연도 준비 중이다.

내가 꿈의 전시회를 열 수 있도록 용기를 준 분은 2017년 제17회 위대한 한국인 대상을 수상한 김정선 도예작가늠이다. 어쩌면 무모할지도 모를 나의 추상적인 꿈은 지금 현실로 발현되는 과정을 거치고 있다.

태도는 사소한 것이지만, 그것이 만드는 차이는 엄청나다. 즉, 어떤 마음가짐을 갖느냐가 어떤 일을 하느냐보다 더 큰 가치를 만들 수 있다.

■ 윈스턴 처칠

나의 가장 큰 장점 중 하나는, 어떤 일에 도전하는 데 거침이 없다는 것이다. 일단은 큰 편견 없이 긍정적으로 바라보는 편이고, 도전하는 삶을 목표로 한다. 이는 내 좌우명에서 비롯된 신념이다. 물론 실패는 늘 두렵고 미래는 걱정스럽다. 하지만 실패 자체에 대해서는 두려워하지 않는다. 도전하는 삶을 전제로 살아간다면 현재에 만족하여 머무르기보다는 한 발짝 앞에서 전진하는 상태에 놓인다. 지금도 나는 꿈을 꾸고, 꿈꾸는 사람들을 만나는 것을 즐긴다.

"나는 꿈을 꾸기에는 너무 늙었어."

꿈을 꾸는 데 나이의 제한이 있을까? 꿈을 꾸는 데 성별의 제한이 있을까? 학벌, 재정 등 추후 나름의 추진력이 될 도구가 있을 순 있지만, 꿈 자체를 제한할 장벽은 세상에 없다.

우리 지금 이 순간, 꿈을 만나자. 꿈을 꾸고 싶다고 느낄 때, 그 빛에 환호하자. 그리고 주위를 둘러보고 꿈과 관련하여, 내가 할 수 있는 것과 내가 하고 싶은 것을 정리하여 조금씩 실행에 옮겨보자.

꿈과 관련된 일이라도, 막상 실행해보지 않은 사람이 많다. 그토록 꿈꾸던 일이지만, 막상 해보면 실망스럽기도 하고, 적성과 안 맞기도 하고, 실생활에서 부딪히는 여러 장애 때문에 다른 일로 시선이 쏠리기도 한다. 그래도 내가 꿈꾸던 일이라면, 한번 해보자. 세상에는 액션을 하는 사람, 액션을 하지 않고 푸념만 하는 사람이 있다. 어떤 사람이 될 것인가?

꿈을 실행하려면 좋은 환경을 갖추는 것이 중요한데, 내가 찾은 좋은 방법 중 하나는 꿈을 만난 사람들, 꿈꾸는 사람들과 동행하는 것이다.

꿈을 꾸는 사람들은 현재를 사는 사람들과는 하루가 다르고 한 달 후가 다르고 10년 후가 다르다. 최근 몇 년 사이, 나는 꿈꾸는 사람들을 만나면서 거듭 성장했다. 그들과 함께 어울리고, 꿈을 꾸고, 꿈을 공유하고, 서로를 격려한다.

현재에 만족하고 사는 사람들은 꿈꾸는 당신을 잘 이해하지 못할 것이다. 어쩌면 왜 지금 만족하지 않고 다른 곳을 보느냐고 비난할지도 모른다. 그러나 그들 말에 귀기울일 필요 없다. 이제 주변 시선에 너무 신경 쓰지 말고 내 꿈, 나 자신에게 더 집중해보자.

04

함께 만들어가는 꿈과 교육

함께 모이면 시작이고, 서로 협조하면 진보이고, 함께 일하면 성공이다.

■ 헨리 포드

'꿈 스터디: 꿈을 실현시키는 방법을 공부하다!'

첫 강연 전후로, 나는 내 꿈과 비전을 위해서 많은 사람을 만났다. 1인 기업 사업가들과 교류했고, 각종 독서 모임 및 CEO·스타트업·브랜딩 모임에 참여해 참석자들과 소통했다. 더불어 멋진 분들의 강연도 많이 들었다. 그리고 학창 시절 은사님들을 뵈면서 오랜만에 마음의 위안과 통찰을 얻었고 나에 대해 다시 한 번 생각할 시간을 가졌다. 꿈을 향해 전진하는 사람들과 소통하고 만남을 이어가는 동안 한층 심적 성장도 이루었다. 또한 새로운 분야

나 하고 싶은 일에 도전할 용기도 갖추었다.

혼자서 사업이나 강연을 하는 1인 기업가들, 회사를 다니면서 제2의 직업으로 마케팅을 공부하는 분 모두 나에게는 인상적이었다. 또한 자신의 미래를 위하여 혹은 제2의 인생을 위해 책을 쓰거나, 취미생활을 직업으로 바꾸는 등 앞날을 열렬히 준비하는 분들도 멋졌다. 그들은 자신의 인생을 주도적으로 살아가고자 하는 주인의식이 충만했다.

내 회사생활은 프리랜서 개념이 강해 혼자 일하는 느낌은 있었지만, 1인 기업은 또 하나의 생소한 영역이었다. 몇 년 전만 하더라도 1인 기업은 보편적이지 않았고, 지금처럼 대중에게 널리 알려지지도 않았다. 지금은 셀프브랜딩, 퍼스널브랜딩 등 1인 기업의 개념이 많이 알려졌고 더 넓은 분야의 1인 기업 시대가 펼쳐지고 있다. 내가 만난 1인 기업인들은 꿈에 대해 도전적이고 열정적이고 혁신적이었다.

영어 콘텐츠 연구원으로서 회사생활을 하는 데 약간의 매너리즘에 빠져 있던 나는 2015년 무더웠던 7월 18일에 첫 강연을 하고, 그 다음 달인 8월 5일에 퇴사하였다. 당시 직장 동료들도 좋고 근무 환경도 멋졌지만, 그때가 아니면 내가 무엇인가에 도전할 용기가 사라질 것 같았기에 나는 용기를 냈다. 교육사업 경기가 어려운 데다 일하던 곳이 중소기업이라 한 번씩 월급이 밀리거나 월급의 일부가 나중에 지급되어서 재정적 어려움이 있었지만 그래도 나름대로 괜찮은 곳이었다. 다시는 만나기 힘들 멋진 분들을 뒤로하고, 과감히 회사를 그만두었다.

어릴 때부터 내가 가졌던, 참교육과 재미있는 교육이라는 큰 전제만 생각하기로 했다. 한국에 대안교육은 많다. 그래도 학교교육처럼 재미없고 획기적인 인간을 만드는 교육이 아니라 인간의 존엄성 자체를 존중하고 다양성을 인정하는 재미있는 교육, 사람을 사람답게 만들어주는 대안교육, 참교육을 내가 직접 해보고 싶었다. 이렇게 내가 즐길 수 있는 교육의 형태를 찾아보다가 오랜 고민 속에서 탄생한 곳이 바로 '함께하는교육연구소'이다.

함께하는교육연구소라는 이름 아래, 조그만 비즈니스 센터에 소호사무실을 마련했다. 무료와 유료의 형태로 소규모 워크숍이나 모임 등을 진행하였고, 연구소 내부 강연 및 행사, 외부 강연 등을 진행했다. 그때까지만 하더라도 초등학교, 중학교, 고등학교에서 강의는 해봤지만 외부에서 영어 자체가 아닌 다른 콘텐츠로 강연해본 적은 없었기에 쉽지는 않았다. 외부 강연을 하려니, 정말 나 자신과 콘텐츠에 대한 고민이 컸다. 나를 분석하는 것은 기본이었고, 내가 가진 콘텐츠 분석과 무언가 새로운 기획도 필요했다.

내가 외부에서 유료로 진행한 첫 강연은 '꿈 스터디', '꿈을 위한 진로캠프', '꿈을 위한 개인과 조직의 비즈니스 캔버스 만들기', '자기소개서·이력서 작성 강연' 등이었다. 사실 나는 지금도 강사라는 마인드보다는 선생님이라는 존재, 교육자라는 신념으로 삶을 살아가고 있다. 그렇기에 아이들과 소통하고, 그들의 미래를 위해 힘쓰는 시간이 좋다. 그래서인지 그 당시 강의의 주요 대상이 고등학생이라서 정말 편하고 좋았다. 강의장도 학교 수업 교실이나 학교 대강당 등이어서 익숙했던 것도 있겠다.

외부 강연 중 기억에 남는 청중은 역시 학생이다. 아무래도 교육 분야에 종사하고 학생들을 위한 일을 계속 해오다 보니, 남들보다 관심과 공감이 더 쉬웠나 보다.

실패에 대해 두려워하지 말고, 당신이 시도조차 하지 않을 때 놓치게 될 기회에 대해서 걱정하라.

■ 잭 캔필드

참교육과 대안교육의 형태를 재미있게 풀어보려면 어떻게 해야 할까? 그리고 그 속에서 내가 즐기면서 할 수 있는 형태의 교육은 무엇일까? 이런 고민으로 탄생시켜 출발한 곳이 함께하는교육연구소이다. 학교에서처럼 획일화하는 교육이 아닌 참교육을 하고자, 그러면서 인간의 존엄성과 다양성을 존중하고 재미있고 새로운 교육을 꿈꾸며 만든 곳이다. 이러한 교육은 혼자보다는 둘이, 그리고 둘보다는 여럿이 하는 게 좋을 것 같았다. 그래서 능력 있고 비슷한 가치를 가진 멋진 이들과 마음을 맞추어 함께하는교육연구소를 세웠고, 2015년부터 지금까지 대안교육의 형태로 교육 행사를 진행하고 있다.

여기서 실험적인 형태로 진행한 행사 중 하나는 '강연 파티'이다. 매월 주제를 정하여 '자기 주도성 파티', '러브 강연 파티(Love Lecture Party)', '웰빙 강연 파티(Wellbing Lecture Party)'를 열었다. 예쁜 장소를 대관하여 강연, 문화공연, 음식, 네트워킹 시간을 결합한 행사이다. 세 행사

모두 장소를 미술 작업실과 갤러리가 융합된 판교의 문화복합공간에서 진행했다. 이 중 3회 전부, 홍대 인디밴드 보컬을 초청해 노래 공연을 했고, 멋진 요리사 선생님을 초빙하여 즉석에서 함께 음식을 만들어 먹기도 하고, 음식 파티케이터링도 해봤다. 자기 주도성 파티 때는 여행 전문 프리랜서 PD, 아나운서, 전문 마술사 등을 모셔 화려한 마술을 펼치기도 했다. 음식도 먹고 공연도 보는 동안 세 시간이 훌쩍 지났다.

이처럼 함께하는교육연구소의 행사는 '따뜻하고, 주제가 있는 특강인 데다, 즐길거리와 볼거리가 있다'는 평가가 동반되길 원했다. 그래서 핼러윈이 있는 10월에는 콘셉트를 핼러윈으로 잡고 행사 소품을 준비했다. 참석자들이 핼러윈 분장을 하고 즐겁게 행사에 참여할 수 있게 함으로써, 딱딱하지 않고 흥미롭게 진행되는 교육이 가능하다는 것을 공유하고자 했다.

11월 웰빙 강연 파티 때에는 전문 요리사 선생님이 직접 요리를 시연하면서 강연을 진행했는데, 한 분은 몸과 유산균에 관한 내용을, 한 분은 마음의 건강을 주제로 강연하였다. 12월 크리스마스 때는 사랑을 주제로, 경상대학교 서양철학과 류재한 교수님을 초빙해 사랑철학에 대해 이야기를 나누었다. 나다움인문학교의 안상현 대표님도 사랑에 관해 진솔한 강연을 해주었고, 맛있는 음식과 와인, 인디밴드의 공연까지 융합하여 네트워킹을 하며 즐거운 시간을 보냈다. 이 행사에 참석하기 위해 진주에서 오신 분도 있어서 더 흐뭇했다.

2017년 초, 신사동 카페를 6개월 동안 모임 장소로 후원받아 장소 걱정 없이 교육할 기회도 얻었다. 2017년 1월부터 6월까지 매주 일요일마다 행사를 진행했는데, 커피값만 받고 강연료는 무료로 진행했다. 일부 소품이 필요한 미술 행사의 경우에는 재료비만 받고 행사를 진행했다.

1월에는 유명한 변종화 세무사를 모시고 직장인을 위한 연말 정산 강의를 했고, '나는 김풍이다'라는 주제로 요리 경연대회도 진행했다. 대회 참가자 중 2명이 간단한 샐러드 요리 대결을 펼쳐 완성된 음식을 먹으면서 이야기를 나누었다. 10대 고등학생부터, 20대 진로를 고민하는 분들, 30대로서 인생의 방향을 고민하는 젊은이들, 그리고 그 당시 69세였던 플로리스트 박연정 회장님까지 참석자 간에 정말 따스한 시간을 보냈다.

봄이 다가오면서 2월과 3월에는 미술 행사를 많이 했다. 미술작가님과 함께 'Think and Art'라는 행사를 주제로 미술이라는 매개체로 이야기를 나누고 작품을 만드는 시간을 가졌다.

4월에는 박연정 회장님과 함께 어버이날 꽃바구니를 만들어보았다. 더불어 영어교육과 비즈니스 실무를 결합하여 '영문 사업 제안 메일 쓰기법 및 실습' 시간을 몇 차례 진행했다. 강연은 영어로 진행되었는데 KBS 미디어 쪽 관계자, 미국 진출을 원하는 두 명의 사업자, 무역 종사자, 의료계 종사자, 여행 사업자 등 총 여섯 명이 참석했다. 그 강연에서는 나도 배울 게 있었다. 영어 자체는 나보다 훨씬 더 잘하는 이가 두 분이나 있었다. 그래서 영어 콘텐츠 개발자이자 프로젝트 매니저로서의 실무 경험을 십분 살려 실무를 처리할 때 또 사업 제안을 할 때 쓸 수 있는 100퍼센트 기초 실무 영어를 공유했다. 일전에 내 힘으로 '다문화사회와 교육 프로젝트'를 진행하며 영어 공문을 보내고 싱가포르 시장이나 말레이시아 교육부 관계자 인터뷰를 했던 것, EBS 한국어 사업과 관련하여 하와이대학교 교수에게 자문을 얻던 과정, 프로젝트 협업을 위한 외국인들과의 소통 등의 경험을 이야기했는데 무척 도움이 되었다는 피드백을 받았다.

2017년 하반기에는 '드림 힐링 콘서트(Dream Healing Concert)'라는 이름으로 몇 차례 행사를 진행했다. 요즘은 경제가 어렵기 때문에 참석자들에게 장소 대관비와 다과비 정도만 받고 있다. 7월에는 나의 꿈 스터디 강연,《미친 실패력》의 황상열 작가의 강연, 그리고 박병준 마술사와 함께한 마술 배우기 시간을 총 2시간 정도로 진행하고, 1시간은 참석자 간의 네트워킹 시간을 가졌다. 특이하게도 그날 강연 참석자들 70퍼센트 이상이 작가였다. 그때 나도 작가 선생님들에게 좋은 말씀을 많이 들었고, 이를 계기로 나의 오랜 꿈 중 하나인 현재의 이 책을 적극적으로 쓸 용기를 얻었다. 행사를 주최했지만, 단순한 참석자가 아닌 함께 꿈을 만들어나가는 동반자로서 토론하고 앞으로 나아간 것이다.

지금도 함께하는교육연구소에서는 매달 행사가 열리고 있다.

완성은 휴식이다. 휴식은 새로움이고, 새로움은 새로운 시작을 의미한다.

■ 도교

삶에 대한 고민이 없고, 새로운 시작의 발걸음도 내딛지 않는다면 발전은 없다. 할 걸음 앞으로 나아가고 꿈을 위해 도전하기로 마음먹었다면, 새로운 기회를 찾기 위해 눈을 크게 뜨고, 자신이 해볼 수 있는 것에 고민할 수 있어야 한다.

나는 정말 모두와 더불어 꿈을 키워나가고 있다. 어릴 적 꿈꾸었던 대안학교 만들기는 함께하는교육연구소를 통해 실현 중이다. 이렇게 나는 함께 만들어가는 교육을 나만의 방식으로 조금씩 시도하고 있다. 부족한 능력이지만 조금씩 함께하고 싶어 하는 이가 늘고 있다. 작지만 장소 후원이 올 때도 있고, 무료 스태프로 도와주기도 하고, 학교로 인가를 하면 어떠냐고 묻는 이들도 있다.

처음에는 내가 하려는 일들을 무모한 도전이라고 보았던 이도 많았다. 하지만 결국 과감한 도전이었고, 함께하는교육연구소는 나의 광활한 꿈의 시작점이 되었다.

05

현재진행 중인 나의 꿈 스터디

대부분의 사람에게 가장 위험한 일은 목표를 너무 높게 잡고 거기에 이르지 못하는 것이 아니라, 목표를 너무 낮게 잡고 거기에 도달하는 것이다.

■ 미켈란젤로 부오나로티

2017년 상반기부터는 함께하는교육연구소에서 강연하고 싶다는 연락이 제법 많았다. 연구소 행사에 열정적으로 참여하는 이도 많다. 평소 대중과 만나는 강연을 하고 싶었던 이도 있고, 편안하게 대중과 소통하는 내 모습을 보고 함께 공동 강연을 하고 싶어 하는 이도 있다. 그리고 연구소 플래폼 강사로서 활동하고 싶어 하는 이도 있다.

2017년 4월, 외국인을 대상으로 한국어 글쓰기 기초 수업을 열었는데, 그 행사를 기점으로 외국인들에게도 연락이 많이 왔다. 한 외국인은 행사가 끝날 무렵, 문자메시지를 보내왔다. 자신의 영국 일정 때문에 행사에 함께하지는 못하지만, 나를 한번 만나고 싶다는 내용이었다.

아주 작은 불꽃이 커다란 불길로 타오를 수 있다.

■ 알리기에리 단테

며칠 후 나는 그 외국인과 비즈니스 영어 강연을 같이 하게 되었다. 그에게 혹시 영어로 강의도 가능한지 묻고 이력서를 요청했는데 그의 메일을 받고 나는 깜짝 놀랐다. 그는 하버드대학교 교육학과 석사 출신이었다. 학부도 같은 학교 사회정치를 전공하였고, 칼럼니스트와 인권운동가로 활동하며, 북한 난민들에게 무료로 영어교육을 하는 인물이었다. 그는 나의 친구이자 파트너인 케이시라티크 주니어이다.

그와 함께한 첫 강연은 성공적이었다. 장소가 협소했지만 목표 인원이 찼고, 소담하지만 알찬 강연이 진행되었다. 나는 '영문 비즈니스 사업 제안 메일 쓰기법'을, 그는 '효과적인 프레젠테이션 만들기(How to Make Effective Presentations)'를 주제로 강연하였다.

이후 케이시와 함께 재미있는 일을 해보자고 의기투합해, 나를 대표자로 한 '노블리쉬(Noblish)'라는 사업체를 꾸렸다. 정식으로 영어사업의 발판을 마련한 것이다. 이 결정과 행동에는 15일밖에 걸리지 않았다. 남들이 보기에는 사고를 친 것이다.

노블리쉬는 '높은, 숭고한'이라는 'Noble'과 'English'의 합성어다. 영어를 통해 멋진 곳에 도달하고자 하는 염원을 담은 이름이다. 평소 알고 지내던 디자이너와 함께 아이디어를 내 브랜드 로고도 만들고 명함도 만들었다. 이어 홈페이지도 함께 만들면서 차근차근 회사의 구색을 갖춰나갔다.

현재 노블리쉬에는 케이시와 숙명여자대학교 테솔 과정 원어민 영어 교수 로저, 싱가포르 출신의 무역 담당 영어 선생님 파예가 있다. 중국과 일본 쪽 선생님들도 몇 분 더 있다. 작은 스타트업 노블리쉬는 사업 영역이 생각보다는 잘되지 않아 심적으로 힘든 7월과 8월을 보냈다. 처음에는 비즈니스맨 중상층을 대상으로 한국에서 배우기 어려운 고급 비즈니스 영어 회화와 글쓰기 클래스를 소규모로 여러 개 진행하려고 했다. 그런데 정말 한국에서 만나기 어려운 하버드 출신의 원어민 교수진을 갖추었는데도 마케팅의 잘못인지 모객이 힘들었다. 결국 정기 오픈 클래스는 열지 못했다.

그러다가 떠올린 것이 노블리쉬 '비즈니스 렉쳐 파티(Business Lecture Party)'였다. 함께하는교육연구소에서 했던 강연 파티 형식을 빌어, 비즈니스 영어 강연에 음식과 문화공연 그리고 네트워킹을 합하기로 한 것이다. 그 행사를 5월과 6월, 두 차례 진행하여 노블리쉬의 존재 알리기에 돌입했다. 그러면서 예전에 초대받았던 CEO 모임 등에도 참여해 적극적으로 회사와 콘텐츠를 홍보하였다. 또한 CEO와 유명인사가 함께하는 CEO 비즈니스포럼과 MOU를 맺어서, 노블리쉬가 조금 더 알려지고 행사에 협력받을 수 있도록 노력했다.

노블리쉬는 나의 영어 전공에 따른 사업적 꿈의 일환으로, 이를 현실화하는 수단 중 하나이다. 나에게 함께하는교육연구소는 지극히 전인적 참교육을 실현하려는 곳이다. 그 꿈을 위해 노블리쉬에서 미약하나마 수익을 내

고자 한다. 같이하는 케이시도 하고 싶은 기부와 봉사를
위하여, 노블리쉬에서 나와 일하고자 한 것이다.

> **모든 사람의 마음속에는 좋은 소식이 있다. 바로 자기 자신이 얼마나 위대해질 수 있는지, 얼마나 많은 사랑을 베풀 수 있는지, 얼마나 많은 것을 이룩할 수 있는지, 잠재력이 얼마나 큰지 모를 만큼 한계가 없다는 것이다.**
> ■ 안네 프랑크

현재 나의 생계 수단 중 하나는 영어교육이다. 이는 내
가 좋아하는 일이자 잘하는 일이기도 하고 경력을 쌓은
일이기도 하다. 학교를 다닐 때, 졸업 후, 아르바이트 시
절, 전업으로도 나는 꾸준히 영어교육에 종사해왔다. 최
근에는 한 회사의 영어 전자교과서 작업도 진행했다. 교
과서 한 과의 교수 설계를 위해 수백 장의 PPT를 만들어
야 했으니 작업량이 어마어마했다. 엄청난 노동으로 머리
를 써야 하는 힘든 작업이었지만 학생들이 볼 영어 교과
서이기에 작업하는 내내 재미있고 보람찼다.

나의 어릴 적 꿈 중 하나는 '대안학교 세우기'이다. 그

것이 남들이 생각하는 형태의 정형화된 대안학교일 필요는 없다. 물론 학교 부지를 사서, 학교를 올리고, 선생님들을 모집하는 등 거창하게 운영을 하는 것도 좋겠지만, 너무 꿈이 거창해도 선뜻 시작하지 못하지 않을까 싶다. 작지만 조금씩, 할 수 있는 부분부터 시작하는 것도 나쁘지 않다. 내가 할 수 있는 것부터 시작하여 꿈을 위한 길을 걷고, 그 속에서 시행착오를 겪다 보면 그 꿈의 방향이 조금 달라지기도 할 테고 조금 더 세분화된 방향과 방법이 생겨나기도 할 것이다. 묵묵히 그 길을 걷노라면 조력자나 후원자도 등장할 것이다. 3년이 지나는 사이 무모해 보였던 나의 도전이 제법 그 방향과 방법이 잡힌 것 같다. 완벽하진 않지만 말이다.

주변에서도 젊은 나이에 어쩜 그리 성실하고 열정적이냐고, 칭찬을 많이 듣고 있다. 특히 인생 선배들이 더 예뻐해주고, 어떻게든 도움을 주려 한다. 내 열정을 좋게 봐주시니 감사할 따름이다. 인생 선배들과 이야기를 나누고 조언을 듣다 보니 자연스럽게 또래들보다는 어른스러운 마음가짐도 갖게 되고, 세상을 달리 보는 눈도 갖추게 되었다. 한 CEO 모임에서는 내가 막내 그룹에 속하는데,

그것도 큰 장점이다. 묻고 배우고 성장할 시간을 몇 년 더 벌었으니 말이다.

> **삶의 순간순간이 아름다운 마무리이며 새로운 시작이어야 한다. 아름다운 마무리는 지나간 모든 순간과 기꺼이 작별하고 아직 오지 않은 순간들에 대해서는 미지 그대로 열어둔 채 지금 이 순간을 받아들이는 일이다. 아름다운 마무리는 낡은 생각, 낡은 습관을 미련 없이 떨쳐버리고 새로운 존재로 거듭나는 것이다. 그러므로 아름다운 마무리는 끝이 아니라 새로운 시작이다.**

■ 법정 스님

함께하는교육연구소를 통해 수백 명의 참가자와 수십 명의 연사 덕분에 얻은 것이 참 많다. 때론 상처도 받았고, 냉혹한 세상에 대해 느낀 바도 많다. 협업이라는 미명 아래, 나를 그저 마케팅적으로만 이용하려는 사람들 때문에 인간관계 자체에 염증을 느끼기도 했다. 사회란 이런 것인지, 원래 인간관계가 이런 것인지 고민스런 날도 많았다.

나에게 강연은 세상과의 소통의 시작이었다. 강연을

통해 꿈꾸는 많은 사람을 만났고 지금도 꾸준히 인연을 쌓고 있다. 사람들을 만나면서 나는 하루하루, 한 주 한 주, 매달 성장하고 있다.

신기하게도 연구소의 강연자 70퍼센트 이상이 나보다 나이가 많다. 나보다 나이가 어린 강연자는 이제까지 두 명이었다. 연구소의 참석자들 역시 학생보다 어른이 많았는데, 어른들의 경우 무엇에 도전하고 꿈꾸고 재미있는 교육을 받을 만한 곳이 많지 않기에 함께하는교육연구소가 그들의 쉼터이자 꿈터이자 힐링의 장소로서 사랑받지 않았을까 생각한다.

그 참석자들은 이제 나의 사업 파트너이자 든든한 후원자이자 조력자이자 조언자로 바뀌었다. 2018년 상반기부터는 열두 분의 조력자가 함께하는교육연구소의 이사진으로서 미래를 만들어주고 있다. 나의 미술 전시회의 꿈을 가능하게 해주신 김정선 도예작가님을 시작으로, 엄마 같은 존재의 박연정 플로리스트, 친구 같은 유지선 대표, 황상열 작가, 배울 것이 많은 멋진 인생 선배 허영훈 대표, 정찬우 대표, 안상현 대표, 김동원 교수, 박병준 마술사, 김해정 작가, 김영숙 선생님, 박소라 선생님까지 지

..

면을 빌려 감사의 말씀을 전한다. 든든한 분들이 함께 해주셔서 정말 행복하고, 앞으로 우리가 함께 만들어갈 미래가 진심으로 기대된다.

2015년부터 SNS 카카오톡에 소통방 하나를 만들어 많은 이와 열심히 소통도 하고 있다. 약 120명 정도가 참여하는데, 매일 아침 좋은 글과 멋진 글귀들이 올라온다. 그것이 날씨일 때도 있고, 짧은 안부일 때도 있다. 나는 'Daily Paper'라고 하여, 매일 아침 좋은 시, 좋은 글귀, 혹은 좋은 클래식을 전달한다. 이런 작은 아름다움과 감성과 지성이 모여 큰 힘을 발휘한다고 믿는다.

요즘은 매일 아침이 즐겁다. 주변 작가님들이 올려주는 좋은 글귀, 사진작가님들이 공유해주는 멋진 풍경들, 그리고 많은 선생님이 알려주는 명언들⋯⋯. 그 속에는 함께하는 아름다움이 있다.

> **행운의 법칙이 있다. 행운은 도움이 필요할 수 있다. 현명한 이들은 모든 기회가 행운이 되지 않는다는 것을 알고 있다.**
>
> ■ 발타사르 그라시안이모랄레스

나는 숨 쉬고 발을 땅에 딛고 있는 지금 이 시간이 설레고, 다가올 내일이 너무나 설렌다. 나는 일주일 후 어떤 일을 하고 있을까? 한 달 후, 나에게는 어떤 일이 일어날까? 정말 궁금하다. 1년 후, 3년 후, 10년 후의 나의 모습을 그리자면 참 설렌다.

나의 꿈이 어디까지 실현될 수 있을지 궁금하지 않는가? 나 자신을 온전히 믿고, 나의 미래에 투자해보자. 열렬히 꿈꾸고 도전하고 실현 방법에 대해서 공부하자. 나의 꿈 스터디! 나의 꿈은 아직도 현재진행 중이다.

Part 3

꿈을 향한
한 걸음

01

학교에서 가르쳐주지 않는 것들

이성적인 인간은 세상에 적응한다. 비이성적인 인간은 세상을 자신에게 적응시키려고 발버둥 친다. 따라서 모든 혁신은 비이성적인 인간에 의해 일어난다.

■ 버나드 쇼

앞서 말했듯 고등학교 1학년 때부터 나는 전국논술토론대회에 참여하고, 청소년 인권·NGO 활동 등을 해왔다. 그래서 2학년 때는 원치 않는 관심 청소년이 되었다.

2학년 여름 방학 직전, 나를 포함한 학생 몇이 담임 선생님께 불려갔다. 여름방학 '야자' 활동에 반대하며 참여를 거부했기 때문이다. 나는 여름방학인 만큼 학교 밖에서 운동도 하면서 건강하게 지내길 바랐다. 그러나 극보수 성향의 담임 선생님은 전교생 모두 야자 활동을 해야 한다고 주장했다.

중학교 때까지는 선생님들도 친구들도 너무 좋아서 학교생활이 재미있었다. 하지만 고등학생이 되자 생활이 갑갑하게 느껴졌고 학교 밖에서 만나는 친구들과 오히려 마음이 더 잘 통했다. 청소년 인권·토론·NGO 활동 등을 하면서 대안학교·탈학교 학생들을 만날 기회가 많았고, 그 안에서 조금은 특별한 친구들과도 교류했다. 그 당시 학교 밖에서 만난 또래나 조금은 다르게 사는 인생 선배들에게서 느낀 충격은 상당했다.

고등학교에서 토론부 활동을 같이한 선배들 역시 나에게 좋은 영향을 끼쳤다. 그들은 공부도 잘할뿐더러 자기 주관도 뚜렷했다. 그들과 함께 책을 읽고 봉사 활동도 하면서 나는 나에게 학생 나름의 의무와 권리가 있으며 그것들을 지키며 세상을 현명하게 살아가는 법을 배웠다.

> 학교는 승자나 패자를 뚜렷이 가리지 않을지 모른다. 어떤 학교에서
> 는 낙제제도를 아예 없애고 쉽게 가르치고 있다는 것을 잘 안다. 그러
> 나 사회 현실은 이와 다르다는 것을 명심하라.

■ 빌 게이츠

내 삶의 첫 번째 전환점이던 고등학교 시절, 나는 학
교에서 가르쳐주지 않는 것들에 주목했다. 어느 순간부
터 '왜'라는 의문에 눈을 뜬 것이다. '왜 교복을 입어야 하
지?', '왜 늦게까지 남아서 야자를 해야 하지?', '왜 교실에
서 우리 주장을 펼칠 수 없는 거지?', '사회는 왜 약자에게
강하고, 강자에게 약한 거지?', '왜 선생님들은 부잣집 학
생들에게만 잘해주지?' 등의 물음표들이 꼬리를 물었다.

내가 다닌 고등학교는 차별을 강하게 느낄 수 있는 곳
이었다. 공립이었던 중학교에서도 약간의 차별은 존재했
겠지만, 내가 잘 느끼지 못할 정도였다. 오히려 인생에서
너무나 값지고, 눈물 날 만큼 멋진 은사님과 소중한 친구
들을 만난 곳이라는 생각만 있을 뿐이다. 하지만 고등학
교에서는 몇몇 선생님 때문에 화를 내기도 하고, 서럽게
울기도 했다. 부잣집 아이, 공부 잘하는 아이가 대우받는
곳, 공부 못하는 아이와 가난한 아이는 차별받는 곳, 어쩌

면 스무 살이 되기 전 우리 사회의 축소판을 고등학교에서 경험하는 건가 싶었다. 그렇게 저항 정신과 시민의식 그리고 인권의식이 강해지던 시절이었다.

학교의 제도권 안에서 상위권은 아니었지만 어느 정도 성적은 유지하면서, 주말과 평일에 학교가 파하면 만나고 싶은 사람들과 함께하며 하고 싶은 일들을 했다. 그들과 소통하면서 조금 숨통이 트였고 재미를 느꼈다.

학교 밖에서 만난 친구들은 수천 권의 책을 읽고, 검정고시로 대학교 진학을 준비하는 등 자신만의 인생을 꾸리고 있었다. 청소년 NGO 단체에서 만난 한 선배는 중학교를 자퇴하고, 고등학교에 진학하지 않은 채 검정고시로 졸업했다. 그는 성실히 자신의 꿈을 준비하여 수능 영어 영역에서 만점을 받았고, 중앙대학교 사진학과에 진학했다. 그 선배의 삶에 나는 신선한 충격을 받았다. 꼭 학교를 가지 않아도 좋은 대학, 원하는 과에 갈 수 있다니! 물론 학교를 다니지 않는 게 정답이라고 느낀 것은 아니다. 그 선배는 현재 유명 연예인들과 촬영 작업을 하면서 멋진 꿈의 행보를 이어나가고 있다. 멋지게 살아가는 그 모습을 지켜보자면 절로 존경심이 우러나온다.

확실히 요즘은 교실 밖에서 많은 것을 배울 수 있다. 학교에서 가르쳐주지 않는 것을 배울 만한 체험센터들도 어렵지 않게 찾아볼 수 있다. 우리 집 주변에도 잡센터(Job Center)가 있다. 내가 어릴 때는 1년에 한 번쯤 어린이날 학부모 특별교육으로 경찰관이나 특수 직종 종사자를 초빙하여 직업에 대한 소개를 했는데 그것 빼곤, 다른 직업에 대해 배워볼 기회가 거의 없었다. 요즘은 '영어마을' 같은 영어체험센터가 곳곳에 있어 학생들이 유학을 가지 않아도 영어나 원어민, 외국 문화를 간접적으로 접할 수 있지 않은가.

자원봉사 영역 또한 다양해졌다. 시설에서의 단순한 청소봉사뿐만 아니라, 독거 어르신 말벗봉사, 문화재 지킴이봉사, 제3세계 저소득 국가 학생들 또는 아기들을 위한 지원봉사 등등. 그리고 인생을 살아가는 데 좋은 메시지를 주는 양서도 넘치고, 유명인의 강연도 더욱 쉽게 접할 수 있게 되었으며, 현실적 조언을 구할 수 있는 상담센터도 많아졌다. 최근 몇 년 사이 크고 작은 진로교육센터도 많이 설립되었다.

모든 사람은 창의적이다. 그러나 익숙한 것에 머물러 있는 동안은 혁신적 아이디어가 자라지 않는다. 항상 해오던 일을 하면 항상 얻던 것만 얻을 수 있다.

■ 프랜시스 베이컨

어떤 상황에 처하든 기회는 항상 우리 주변에 있다. 문을 두드리지 않으면 열기 어려운 것이 우리의 인생이며, 우리의 꿈이며, 우리의 미래인 듯하다. 생전에 할머니는 "가난한 집, 다 쓰러져가는 집에서도 호롱불만 있으면 공부할 수 있다"라고 말했다. 그렇다. 그 어떤 상황에 처할지라도 의지를 불태우면 무슨 일이든 해낼 수 있다. 모든 일은 결국 나 자신에게 달렸다.

혹자는 결핍이 에너지라고 말한다. 이 말에 나는 동의한다. 짧지만 내 삶을 돌아보면 정말 결핍 자체가 큰 에너지가 될 수 있음을 경험해왔다. 모자람이 없는 유복한 환경에서는 더 이상 채울 게 없는 데 반하여, 나는 부족한 것을 채우기 위해 늘 고민하면서 노력해왔다. 아무도 예쁘게 밥상을 차려주는 사람이 없었던 게 오히려 나한테는 더 나은 삶의 방향으로 가는 기회를 열어주었지 싶다. 그렇게 살아오다 보니 조금 더 주체적이고, 조금 더 능동적인 사람이 되었다. 덕분에 나는 세상을 깊이 있게 바라보고, 함께하는 사람들을 배려하고, 더 멋진 나의 꿈과 세상을 향해 나아가고 있다.

학교에서 가르쳐주지 않는 많은 것에 눈을 돌리자. 획일적인 것에서 벗어날 때 주도적인 인생을 살 수 있다. 현재 주어진 것들에 의문을 품고, 새롭게 깨닫고, 더 좋은 것들을 학습하면서 나를 업그레이드하자. 다양한 활동을 통해 좋아하는 것과 싫어하는 것을 구별하면서 나만의 가치와 인생 노선을 정립해보자. 그러면 어느덧 기회의 문이 열려 그토록 갈망하는 꿈이 서서히 실현될 것이다.

02

왜 꿈을 가져야 하는가?

당신이 오늘 느끼는 고통은 내일 느끼게 될 강함이다. 당신이 직면하는 모든 도전은 성장을 위한 기회이다.

■ 리투 가투리

꿈은 왜 가져야 할까? 왜 사람들은 꿈을 가지라고 말할까? 꿈? 일단 학생으로서 괜찮은 성적을 내고, 괜찮은 대학의 괜찮은 학과에 가고, 졸업 후 괜찮은 회사에서 괜찮은 연봉을 받고, 괜찮은 가정을 꾸려 알콩달콩 사는 게 꿈일까? 그런데 평범해 보이는 이런 꿈마저도 사실, 이루기가 쉽지 않다. 나름대로 소박한 꿈이라도 평범한 모든 것을 누리자면 기본적으로 엄청난 노력과 열정이 요구된다.

왜 꿈을 가져야 하는지 그 이유를 알면 더 정확히, 더 빨리 꿈에 다가갈 수 있을 것이다.《꿈꾸는 다락방》의 이

지성 작가의 경우, 베스트셀러 작가가 되기 전까지 평탄하지 않은 삶을 살았다. 그는 인문, 종교, 역사, 문학, 과학 등 여러 분야를 넘나드는 광범위한 독서로 어려운 주제도 쉽게 글로 풀어 쓰는 탁월한 능력을 갖고 있다. 그는 스무 살 때 작가가 되기로 결심하고 치열하게 글쓰기를 시작했다. 하지만 그는 스물아홉 살까지 주변의 냉혹한 조언을 빈번히 들어야 했다.

"이 길로는 비전이 안 보이니 다른 일을 찾아봐."

그런 말을 들을 때마다 그는 자신에게 말했다.

"내가 꿈을 배반하지 않으면 꿈도 나를 배반하지 않을 거다."

그는 그렇게 배반하지 않는 꿈을 향해 열심히 달렸고, 마침내 많은 베스트셀러를 내는 대형 작가가 되었다. 그는 《여자라면 힐러리처럼》에 꿈꾸고 노력하는 삶에 대해 잘 기록해두었다. 적극적으로 세상을 살아가는 열정적인 힐러리의 성공 스타일을 정리한 책인데, 두려움을 강한 자신감으로 바꾸라고 이야기한다. 이를 통해 여성들이 좀 더 적극적으로 자신의 인생을 개척하도록 독려하는 것이다.

힐러리는 남편 빌 클린턴이 미국 대통령이 되는 데 내

조했고, 여성으로서 대권에도 도전했다. 그녀는 최고가 되기 위해 최고들과 어울리며 치열하게 공부했다. 주변에 존재하는 최고의 인재보다 서너 배 더 뛰어난 능력을 갖추는 것을 목표로 삼아 실로 엄청난 노력을 하였다. 그녀는 자신의 꿈을 스스로 온전히 믿으며 주변 사람들을 감염시키면서 완벽한 꿈의 매뉴얼을 만들어 움직였다.

사람들의 한계는 짐작도 할 수 없다. 세상의 어떤 검사로도 인간의 잠재력은 측정할 수 없다. 꿈을 좇는 사람은 한계로 여겨지는 지점을 넘어 훨씬 멀리까지 나아간다. 우리의 잠재력에는 한계가 없고 대개는 아직 고스란히 묻혀 있다. 한계는 우리가 생각하는 순간 만들어진다.

■ 로버트 크리겔 & 루이스 패틀러

인생에서 하고 싶은 일이 어느 정도 정해지면, 그 꿈의 실현을 위한 갖가지 활동을 하면서 경험치를 쌓아가게 마련이다. 나는 교사가 되기 위해 다양한 책을 읽으며 교양을 쌓으려 노력했고, 영어를 가르치기 위해 일반적인 문법을 떠나 의미론, 통사론적으로도 깊이 있게 영어를 이해하려 애썼다. 그리고 영어의 대표 영역인 읽기, 듣기, 쓰기, 말하기 네 영역을 고르게 잘하고자 학창 시절부터 스터디그룹 활동과 공부로 전공 소양을 꾸준히 쌓았다. 외국 친구들과 교류하고 여행하면서 그 문화를 이해하려 애썼는데, 이 또한 영어를 잘 가르치기 위한 일환이었다. 영국 유학 시절, 영국의 문화를 제대로 이해하기 위해 어찌나 질문을 해댔는지, 오죽하면 외국인 선생님이 도망다니다시피 귀찮아했을까.

질문은 끊임없는 생각과 발전의 결과이며, 질문은 내 미래의 방향을 결정하고, 때로는 나침반 역할을 한다. 나는 끊임없이 내 주변의 조력자들을 찾아다녔다. 내 역량으로 답이 좀체 나오지 않을라치면 친구, 선배, 선생님 들은 물론 심지어 후배에게도 도움을 청했다.

대학교 시절, 나는 영어 임용시험과 대학원 입학시험을 동시에 준비했다. 문학 작품이나 영어 자체에 대한 전공시험은 자연스레 동시 준비가 되었다. 학업계획서를 작성하여, 전공 교수님들께 자문을 구해 완성하고, 스스로 면접 준비를 했다. 대학원 면접관으로 들어올 예상 교수님들의 과목을 연구하고, 교수님들의 석·박사 논문을 찾

아서 읽고, 교수님들 수업 커리큘럼 책이나 카페 등을 찾아서 내용과 학업적인 성향도 살펴보았다.

S 대학원에서는 면접관이 세 분이었는데, 외국인 교수님 한 분이 내 학업적 설계 계획을 유심히 들어주었다. 짧은 순간이었지만, 그 교수님에게 인상적인 학생으로 각인되었다고 자평한다. 함께 면접에 들어갔던 영국 대학을 나온 경쟁자보다 회화 실력은 부족했지만, 그 대학원 커리큘럼 자체에 대한 이해도와 성실도와 학업계획으로는 교수님들이 나를 선택하도록 어필했다.

그 당시 내가 주목했던 대학원 커리큘럼은 영미문학을 이용한 영어교육과 관련된 것이었다. 그래서 내가 왜 그 커리큘럼에 관심이 있는지, 영미문학 작품이 어떻게 영어

교육에 인용될 수 있는지에 대한 사례와 나의 생각, 더불어 그 대학원에서 내가 공부하고 싶은 분야, 그 대학원에서 얻을 수 있다고 예상되는 것들을 잘 활용하였고, 결국 높은 경쟁률을 뚫고 합격했다.

영어 면접을 위해 나는 5개 국어를 하는 후배에게 1:1 모의 영어 면접을 보기도 했다. 그때는 절박했기에 후배에게 도움을 받는 게 그다지 부끄럽지 않았다. 나에게 도움을 준 몇 살 어린 대학 후배는 재학생 시절부터 능력과 실력이 뛰어났고, S 기업에서 일하고 있었다. 똑똑한 데다 자유로운 영혼이었던 그는 세계 각지를 무대 삼아 활동하다가 현재는 프랑스에서 박사 과정을 밟고 있다.

한 시간에 30만 원짜리 아이비리그 영어 면접에 대해 들어봤는가? 나는 부산에서 광화문까지 찾아가 영어 모의 면접을 보기도 했다. 어찌 보면 비싼 족집게 과외 같은 것이라, 시간이 부족한 학생에게는 그리 유용하지 않을 수도 있겠다. 다행히 그 아이비리그 대학원 컨설턴트가 알려준 한 가지 조언이 대학원 영어 면접에 유리하게 작용했다.

"대학원에 다닐 돈이 있습니까?"

실제로 면접에서 받은 질문이다. 사실은 그럴 돈이 없었다. 대학교 3학년 때부터 집안 사정이 더 안 좋아졌기에 대학원에 가고 싶다는 말을 쉽게 꺼낼 수 없었다. 가족 중 누군가는 나더러 빨리 학교를 마치고 돈을 벌어 오라 했다. 하고 싶은 것만 하고 살 수는 없다느니, 공부만 해서는 안 된다느니 하는 말을 부지기수로 들었다.

컨설턴트는 일단 면접에서는 돈이 있다고 말하라 조언했다. 대학원은 학업에 충실히 응할 학생을 뽑길 원한다는 거였다. 그래서 영어 면접 때 받은 질문에 'Yes, I am so happy to have my father who can support~'라는 맥락으로 대학원에 다닐 수 있는 환경임을 어필했다. 운 좋게도 나는 한 대학원에서 영어교육과 교수님 연구조교를 하는 조건의 전액 장학생으로 입학하게 되었고, 생활비나 기타 비용 마련으로 대학원 시절 일주일 내내 아르바이트를 열심히 했다.

대학원은 4.21의 점수로 졸업했는데 학업과 생계를 병행한 것 치고는 나쁘지 않았다고 자부한다. 연구조교를 하면서 학비를 감면받는 대신에, 서울 중심가의 비싼 월

세와 용돈과 책값, 병원비 등을 벌기 위해 과외와 학원, 그리고 회사 프로젝트 및 학교 방과 후 등 정말 다양하게 시간을 쪼개어 일을 했다.

사실, 다시 그런 생활을 하라고 하면 정말 줄행랑을 칠지도 모르겠다. 입학 당시, 나는 담당 교수님이 걱정할 정도로 어두운 골목길, 서울 흑석동의 작은 원룸에서 살았다. 밤늦도록 일하고 귀가할 때의 그 비좁은 골목길은 지금 생각해도 위험천만했지 싶다.

정말 꿈이 없고 인생 목표가 없었다면, 그때의 서울생활과 대학원생활은 진즉 엎어졌을 것이다. 하지만 내게는 확실한 꿈이 있었고 그래서 버틸 수 있었다. 수중에 몇 푼 없었음에도 웃으면서 재미있게 공부할 수 있었던 것은 순전히 내 안의 꿈 덕분이다.

나폴레온 힐은 말했다.

"모든 성취의 출발점은 꿈을 꾸는 것에서 시작된다."

그렇다. 꿈을 꾸지 않으면, 이룰 수 있는 것도 없다. 꿈을 꾸고 노력하는 사람에게 성공이 붙는다. 선명하게 꿈을 꾸자. 그래야 삶이 명확해진다. 꿈을 꾸면 가치 있고 주제적인 인생길이 희망차게 열린다.

03

무엇을 위해 살아가는가?

이 세상의 모든 일은 당신이 무슨 생각을 하느냐에 따라 일어난다.

■ 오프라 윈프리

"무엇을 위해 그렇게 열심히 살아? 편하게 살아. 너무 힘들게 살다가 건강도 잃어. 지금 이 순간을 즐겨!"

최근에 가장 많이 듣는 말 중 하나다. 이 말에 격하게 공감한다. 종종 나 스스로도 생각한다.

'왜 나는 이토록 치열하게 사는 거지? 나만 너무 악바리처럼 사는 건 아닐까?'

결혼해서 아기 키우고, 평안히 가족들과 알콩달콩 살아가는 친구들을 보면 사실 부럽기도 하다. 한편으로는 '꿈 많은 내가 그들과 비슷한 삶을 살아갈 수 있을까?' 하고 자문도 한다.

고등학교 때 친하게 지내던 친구는 진즉 두 아이의 엄마가 되었다. 결혼을 늦게 할 것 같던 친구는 좋은 남자를 만나 가정을 이루고, 친구를 닮은 여자아이 하나, 남자아이 하나와 함께 하루하루 행복한 시간을 보내고 있다. 나보다 조금 더 성적이 높은 친구였는데, 부모님이 교사라서 그런지 자기 주도적으로 공부할 줄 알았다. 그녀는 재수를 하면서도 학원을 다니지 않았다. 그저 EBS 인터넷 강의를 들으며 철저히 혼자 공부했다.

그녀는 욕심도 꿈도 많았다. 청소년 NGO 활동에도 몇 번 함께했고, 작은 영화제에도 참여했다. 몇 년 전 오랜만에 그녀를 만났는데 참 많이 변한 느낌이었다. 첫 아이를 출산하고 얼마 되지 않았던 그녀는 아이를 낳고 나서 대인기피증이 생겼다고 했다. 그리고 아이와 남편, 다른 가족이 누군가에게 해를 입을까 너무나 걱정이라고 했다. 그래서 조금이라도 부정적인 기운이 느껴지면 상대도 안 하고, 사람들과 부딪히는 게 싫어서 밖에 잘 나가지 않는다고 했다. 또한 아이를 위해서 약간은 타인에게 이기적인 엄마의 모습으로 화도 낸다고 했다. 친구와 밥을 먹고 나중에 합류한 그녀의 남편과 차를 마시면서 찬찬히 이야기를 나눠보았다.

친구에게는 몇 가지 고민이 있었다. 일찍 결혼을 하고 아이를 낳는 바람에 자신의 꿈이 없어졌다는 것, 가족만을 위해 살아가는 것 같아 자신의 존재감이 희미하다는 것, 타인에게 공격적인 성향으로 변한 것, 그리고 경제 활동을 하고 싶지만 어떻게 시작할지를 모르겠다는 등의 고민이었다. 경력 단절된 우리나라 주부들의 흔한 고민이 그녀에게도 해당되었다. 나는 친구와 그녀의 남편에게 몇 가지 조언을 해주었다.

그들은 첫째, 결혼생활과 자신의 존재 가치 사이에서 균형을 찾아야 한다. 외국 어학연수까지 갔다 오고 좋은 직장에서 일했던 친구는 결혼 뒤 임신하자마자 직장을 그만두었다. 이제 친구는 결혼생활 속에서 자신의 삶과 꿈을 찾는 게 중요했다. 물론 친구가 행복한 상태로 아이들을 키우는 게 무엇보다 중요하지만, 나중에 아이들이 자라고 엄마 손이 지금보다 덜 필요할 때를 대비해야 한다. 즉, 자신에게 집중해야 시점이 올 것이다. 다행히 근처에 사는 시부모님이 아기를 잘 돌봐준다니, 낮 시간을 잘 활용하면 좋을 것이다. 친구는 영어를 잘하니까 잠시 학원 아르바이트라도 해서 용돈을 벌거나 자신을 꾸미며 자기 시간을 가져보는 게 좋을 것이다. 세상사 대부분 그러하듯, 한쪽으로 기울면 다른 한쪽이 허전해지기도 하고, 한쪽으로 쏠린 무게가 너무나 가혹할 수도 있기 때문이다.

둘째, 나와 가족 이익만 생각하지 말고 타인에 대한 배려를 몸에 익혀야 한다. 친구와 지방의 식당에서 만나 이야기를 나누고 있을 때, 친구는 다른 여자들이 계속 우리를 쳐다보는 것 같다며 짜증을 냈다. 친구는 내가 없었으면 뭘 쳐다보냐고 크게 화를 냈을 거라고 말했다. 나의 지적에 친구는 무안해하며, 최근에 이런 식으로 타인에게 짜증이 나고, 예전보다 화가 자주 난다고 했다. 타인들이 자신과 자신의 가족들에게 보이는 부정적인 언행들을 예전보다 참기가 힘들어서 자신도 미치겠다고 했다.

나는 아이를 위해서 마음을 너그러이 먹고, 조금 더 깊게 생각하고 대화할 것을 권했다. 그리고 더불어 사는 마인드로 타인과 어울리고 배려하는 삶을 살라 권유했다. 이는 아이의 엄마로서 익혀야 할 덕목이기도 하고, 친구가 편안한 삶을 살기 위한 필수 항목이기도 했다. 그래서 낮 시간에 잠시 외출하여 무엇을 배우거나 한두 시간이라도 일하는 게 좋겠다고 말했다. 친구는 가족에게만 온 신경이 곤두서 있었기에, 그 집중된 에너지의 분산이 필요한 시점이었다.

앞으로 20년 후에 당신은 저지른 일보다는 저지르지 않은 일에 더 실망하게 될 것이다. 그러니 밧줄을 풀고 안전한 항구에서 벗어나 항해하라. 돛에 무역풍을 가득 담고 탐험하고, 꿈꾸며, 발견하라.

■ 마크 트웨인

한 중학교 동창은 꽤 일찍 결혼하여 남자 쌍둥이를 낳았다. 학창 시절에 그녀는 정말 공부도 잘하고 똑똑했다. 나와 독서실도 함께 다닌 그녀는 내가 어려워하던 물상

(그 시절에 과학은 물상과 생물로 분리되어 있었다)도 이해하기 쉽게 설명해주곤 했다. 내가 대학원을 간 해 2월에 그녀는 결혼했고, 현재 듬직한 남편과 자신을 닮은 예쁜 아기들과 잘 살아가고 있다.

그녀는 어릴 때부터 만화가 빰치도록 그림을 잘 그렸다. 너무나 재능이 출중했기에 나는 그녀에게 "취미로 그리지 말고, 일러스트레이트를 조금 더 배워서 전문적으로 그려보면 어떠니? 원하면 소소한 일감을 내가 구해줄 수도 있어"라고 제안하기도 했다.

요즘 그녀는 SNS에 자신의 그림을 자주 올린다. 최근에는 유명한 웹툰작가의 어시스트로 색채 작업을 돕게 되었다는 소식을 전해 왔다. 이제 그녀에게는 시간이 부족할 정도로 외부 작업이 많아진 것 같다. 친구가 꿈꾸는 미래를 꼭 실현하기를 나는 기쁜 마음으로 응원한다.

내 주변에는 결혼하고 아기를 낳고 행복하게 사는 친구가 많다. 가끔 이런 생각을 해본다.

'과연 나는 그들처럼 아이를 낳아 키우고, 신랑과 아이만 바라보며 살 수 있을까?'

나는 이뤄야 할 꿈도, 해야 할 일도 한가득인 욕심 많은 청춘이다. 그런 내가 과연 친구처럼 지낼 수 있을까? 나는 높은 자부심만큼이나 열정 또한 크다. 나는 배우고 받은 만큼 내 안의 모든 것을 풀어내 사회에 보답하고 싶다. 그러기 위해 교육적 나눔 활동을 하는 것이다. 함께 배우고 교감하고 공유하면서 나보다 상대적으로 약한 이들을 보듬고 싶은 것이다. 약한 이들이란 경제적 결핍은 물론 정신적 결핍에 시달리는 이들을 말한다. 나 또한 많은 정신적 결핍을 겪었고 지금도 그 결핍을 채우는 과정에 있으니까.

"꿈의 실현 가능성이 삶을 흥미롭게 한다."

파울로 코엘료의 이 말을 곱씹으며 다시 한 번 자문한다.

"나는 무엇을 위해 이렇게 열심히 살고 있는가? 그리고 무엇을 위해 열심히 살아갈 것인가?"

답은 간단하다. 나는 나의 소명과 사명, 그리고 꿈과 행복을 위해서 살아간다. 내가 죽도록 힘들고 아픈 순간에도 밥 한 숟갈 먹어가면서 버텨내는 힘, 좌절과 실패의 순간에도 다시금 일어서 나아가는 힘! 그 힘은 내 안에 있

다. 나는 그 힘으로 나아간다, 내 인생의 멋진 꿈을 만나
러 간다!

04

내 삶의 의미를 찾아서

이 세상 어디에도 너와 똑같이 생긴 아이는 없어. 네 몸을 한번 살펴 봐. 너의 다리와 팔, 귀여운 손가락들이 움직이는 모양은 모두 하나의 경이(驚異)야.

■ 파블로 피카소

쌍둥이들 얼굴은 언뜻 보면 같지만 잘 들여다보면 조금 다르게 생겼다. 공산품처럼 공장에서 똑같이 찍어내지 않는 이상 개개인의 생김새가 다 다른 것처럼, 우리는 성격도 다 다르고, 좋아하는 것과 잘하는 것도 다 다르다. 개별 주체인 우리는 모두 존엄하고 가치 있는 존재다. 그렇기에 우리는 우리 자신을 좀 더 존귀하게 여기고, 삶을 의미 있게 살아내야 한다.

2017년 11월 15일 오후 경북 포항에서 규모 5.4의 지진이 발생했다. 16일 대학수학능력시험을 치르기 하루 전이었다. 이 지진은 2016년 9월 5.8 규모의 경주 지진에 이어 1978년 지진 관측 이래 우리나라에서 발생한 두 번째로 강력한 지진이었다. 5.4 지진 후 얼마 뒤, 다시 7.3 규모의 지진이 포항과 그 일대를 흔들었다.

이 뉴스는 다른 어떤 뉴스보다 내게 더 심각하게 다가 왔다. 내가 교육 관계자였기에 그 일대의 수험생들이 제일 걱정되었다. 지진 때문에 무너진 집도 많은데, 수능은 어떻게 치르나 고심하던 찰나, 역사상 유례 없는 결정이 내려졌다. 수능이 11월 23일 목요일로 일주일 미뤄진 것이다. 정부는 이후의 여진 가능성과 수험생 안전 등을 최우선적으로 고려하였다. 곧바로 수험생과 피해민들의 안전을 위한 임시 대피소가 마련되었다.

정부와 대통령의 경우, 짧은 시간 동안 엄청 고심했을 것이다. 수능을 일주일 미루면, 이미 전국으로 배부된 시험지 유출의 위험이 있었다. 그러나 시민과 수험생의 안전을 최우선적으로 고려한 이 조치는 적절했다고 생각한다. 중요한 순간에 신속하게 중대한 결정을 내린, 사람 중심 가치의 정부에 신뢰가 샘솟았다.

배우 유해진이 원톱 주연을 맡은 코미디 영화 〈럭키〉. 최근에는 한국 영화도 100억 원대 이상의 규모가 아니면 저예산 영화로 분류될 만큼 저예산과 코미디 영화는 찾아보기 힘든데, 유해진의 단독 주연 영화라서 더 눈에 들어왔다. 나만큼 다른 관객들도 재미있었는지 700만 가까이의 흥행 성적을 거뒀다.

유해진은 오랜 무명 시절을 거쳤다. 〈신라의 달밤〉, 〈공공의 적〉을 통해 얼굴을 알렸고, 〈왕의 남자〉, 〈타짜〉, 〈부당거래〉를 통해 특별 조연으로 급부상하였다. 현빈과 투톱을 이룬 〈공조〉는 600만을 넘겨 명실상부 600만의 사나이라는 명칭까지 얻었다.

사실 몇 년 전만 하더라도 그가 이렇게 인기를 얻을 줄은 몰랐다. 연기 내공과 특별함이 있지만 외모 때문에 주연보다는 조연이 더 알맞는 배우로 규정되다시피 했으니까. 그런 그가 단독 주연을 맡아 흥행에 성공하니, 나 또한 기뻤다.

진선규라는 배우가 있다. 2017년 하반기 윤계상과 마동석 투톱 주연의 〈범죄도시〉에서 조선족 역할을 맡은 배우이다. 그의 연기 역시 나에게는 아주 매력적으로 느껴

졌는데, 2017년 청룡영화제에서 쟁쟁한 경쟁자를 제치고 남우조연상을 수상했다. 그는 한참 동안 눈물을 흘렸다. 그 쟁쟁한 경쟁자에는 유해진도 있었는데, 그는 뿌듯한 표정으로 진선규를 응원해주었다.

영화제에서의 수상은 계속될 것만 같은 무명생활의 끝을 알리는 신호탄이자 새로운 비상을 의미한다. 배우들은 특히 오랜 기간 무명을 거치고, 한참이 지난 후에야 비로소 빛을 보고 영광을 누리는 경우가 종종 있다. 영화계나 예술계 쪽에서는 영광을 누리고 대중에게 시선을 끄는 이들은 피라미드의 위쪽 일부인 듯하다. 하지만 다른 이들 역시 묵묵히 자신이 목표로 하는 꿈을 향해 길을 걷는다. 이들에겐 좋은 결과가 많이 생기는 것 같다. 물론 천천히

최선만 다한다고 능사는 아니다. 실력도 좋아야 하고, 함께하는 작업이기에 인간관계도 좋아야 하겠다.

배우 조진웅의 경우, 연극 무대에서 오랜 내공을 쌓았다. 2004년에 권상우, 이정진 주연의 〈말죽거리 잔혹사〉를 통해 스크린에 나왔지만, 수년간 단역과 조연을 전전했다. 나는 그를 KBS 드라마 〈솔약국집 아들들〉에 나온 뚱뚱한 아저씨로만 기억하고 있었는데, 어느 순간 멋진 '국민아재'로 변모해 있었다. 김혜수, 이제훈과 함께한 드라마 〈시그널〉에서는 정말 멋진 캐릭터로 등장하여 주연 배우의 입지를 제대로 다졌고 지금은 많은 여성의 마음을 그야말로 '심쿵'하게 만든다.

여배우가 되는 것을 꿈꾸는 것이 배우가 된 당시보다 훨씬 더 신나는 일이에요.

■ 마릴린 먼로

영화의 거장 스티븐 스필버그는 열세 살 때 처음 영화를 찍고, 열일곱 살에는 유니버설 영화사에 출입하며 영화에 대한 열정을 불태웠다. 빌 게이츠는 세계 모든 가정에서 컴퓨터를 사용하게 만들겠다는 학창 시절의 꿈을 이뤘다.

이처럼 성공한 이들은, 어릴 때부터 확실한 꿈을 꾸고, 구체적인 목표를 세우고, 그것을 이루고자 끊임없이 탐구했다. 자신만의 목표와 방법을 세워서 성실하게 실천하고 앞으로 나아간 그들 덕분에 우리는 멋진 영화를 감상하고, 성능 좋은 컴퓨터를 쓸 수 있는 것이다.

〈터미네이터〉, 〈에이리언 2〉, 〈터미네이터 2: 심판의 날〉, 〈타이타닉〉, 〈아바타〉 등을 감독한 제임스 카메론. 그는 학창 시절엔 왕따였고, 서른한 살 때까지 사회적 경력은 트럭 운전을 한 것이 전부였다. 먹고살기 위해 열심히 일하던 그가 남들과 조금 다른 점이 있었는데, 그것은 매일 밤 시나리오를 썼다는 것이다.

서른이 넘어서야 그는 자신의 시나리오를 아주 작은 영화사에 팔 수 있었다. 계약금은 단돈 1달러였다. 정말 말도 안 되는 돈을 받고 계약한 대신, 그는 자신이 쓴 시나리오의 연출을 직접 하게 해달라고 요구했다. 영화사는 거듭 고심하다가, 결국 경력이 전무한 '생초짜' 감독을 기용하여 촬영을 한다. 그렇게 탄생한 영화가 〈터미네이터〉이다. 스스로를 믿고 꿈을 저버리지 않은 채 성심으로 노력한 그는 결국 전 세계인이 사랑하는 영화감독이 되었다.

> **인생은 무언가가 되어가는 생동감 넘치는 과정이다. 지난해에 자신의 관심 분야에 무언가를 추가하지 않았다면, 여전히 과거의 사고방식을 지니고 똑같은 경험들만 되풀이하고 있다면, 여전히 예측 가능한 반응들로 일관한다면, 당신은 죽어 있는 인생을 사는 것이다.**
>
> ■ 더글러스 맥아더

나의 경우, 하고 싶은 일과 현실 여건의 대립 때문에 갈등이 많았다. 경제적 사정 때문에 대학원 진학이 여의치 않은 게 실상이었다. 일단은 식구들 몰래 시험을 준비하고, 합격한 후 의논했다. 경제적으로 지원받을 수 있는 상황도 아니었고, 오히려 내가 지원을 해야 할 상황이었다. 하지만 조금만, 몇 년만 나에게 더 시간을 달라고 부탁했다. 지금 당장 할 수 있는 효도가 아니라, 잠시 불효자가 되더라도 몇 년 후 혹은 조금 더 후에 몇 배로 더 효도하겠다고, 나의 꿈을 이룸으로써 더 크게 성공하겠다는 생각이었다.

서울의 대학원으로 진학한 덕분에, 자연스럽게 나의 일터와 꿈터는 서울로 정해졌다. 서울은 전국 인구의 1/5이 모인 곳이다. 그래서 똑똑한 사람들도 정말 많고, 그만큼 경쟁도 정말 치열하다. 가끔은 삭막하고, 그로 인해 힘들기도 했다. 하지만 나는 생활 터전이자 꿈터인 서울에서 조금씩 성장해 나아가고 있다. 멋진 이들을 만나면서 성장의 폭이 더 커진 것 같다.

대학원을 졸업하고 첫 회사를 다니면서 사회적 사춘기가 닥쳤다. 내 삶의 의미와 내가 진정 원하는 것에 대한 고민이 다시 시작된 것이다. 하지만 내 삶의 의미, 내가 원하는 꿈, 사명이 이미 존재했기에 크게 흔들리지 않고 앞으로 나아갈 수 있었다.

나는 행복한 삶의 변화를 즐긴다. 그 속에서 삶의 의미를 찾고 나의 내적 변화, 외적 변화를 거쳐 성장하는 기쁨을 맛보고 공유하는 것도 좋아한다. 그리고 나만의 법칙을 만들어 적어두고 그대로 실천하려고 노력한다. 최근에 내가 마음속에 두는 몇 가지 법칙을 소개하자면 다음과 같다.

▶ 나의 꿈을 위해 고유한 나만의 콘텐츠 만들기

▶ 하루 2시간 이상은 나를 위한 시간으로 투자하기

▶ 긍정적으로 세상 바라보기

▶ 타인과 함께하는 배려 있는 삶 살아가기

▶ 원칙을 지키면서 성공하기

▶ 제2의 인생을 설계하며 노력하는 삶 살기

▶ 항상 감사하기

이러한 원칙을 관리하기 위해 체크 사항을 다이어리에 기록하면서 날마다 나를 다잡고 있다.

살아가는 동안 갑자기 불가피하게 큰 기로를 만나 빠르게 판단하고 선택하여 삶의 방향을 결정해야 할 때가 있다. 다이어리에 사명을 작성하고, 1일·1주일·1개월·1년·5년·10년 계획에 따라 꼼꼼히 실행해도 뒤틀리는 경우가 오게 마련이다. 2017 대학수능 연기의 경우처럼 정말 막기 어려운 천재지변 등에 의해서 말이다. 그럼에도 우리는 스스로 중심을 세워, 삶의 가치를 붙잡아야 한다. 그렇게 할 때 흔들림 없이 앞으로 나아갈 수 있다.

05

꿈의 예시

꿈을 꾸세요. 그러면 그 꿈이 당신을 만들 것입니다.

■ 로버트 J. 실러

1992년 가을, 초등학교에 등교하느라 길을 걷고 있었다. 마침 벽에 붙은 대선 포스터가 눈에 들어왔다. 기호 1번 김영삼, 기호 2번 김대중, 기호 3번 정주영 등 세 명이 유력 후보였다. 대선 후보 토론회나 그들의 유세를 TV를 통해 지켜보면서, 정치가 마냥 신기하게 여겨졌다.

그중 정주영 후보는 큰아버지가 현대중공업에 다니고 있었기에 현대그룹 오너라는 점에서 관심이 갔다. 그는 우리나라 최대 기업의 재벌 총수였기에 실제로 어마어마한 부자였고, 어려운 환경을 딛고 큰 성공을 일궈낸 이로서 깨끗하고 과감한 개혁을 내세워 초등학생이었던 나에게 강한 인상을 남겼다.

"돈에 욕심이 많은 이가 대통령이 되면 나라가 부패하게 마련입니다."

누가 이렇게 당당히 말할 수 있겠는가? 그는 가난한 농부의 아들이었다. 그는 열 살 무렵부터 일을 시작했는데 가난한 농부가 자수성가하여 큰 재벌이 되었으니 정말 대단한 인물이다. 북한 금강산 관광사업 추진이나 트럭에 소 떼를 실어 보내는 등의 일련의 행동을 보면서 어린 마음에도 존경심이 생겼던 것 같다.

"날 감금할 수는 있어. 힘으로. 이런 식으로 힘으로 막을 수는 있어. 그러나 내가 가려고 하는 민주주의의 길은 말이야, 내 양심은, 마음은 전두환이가 뺏지는 못해."

이는 김영삼 전 대통령이 신군부 세력에 맞서 자택에 감금되었을 때 외친 말이다. 나는 이 짧은 동영상을 가끔 시청하는데 지금까지도 전율을 느낀다. 우리에겐 IMF 외환위기를 일으킨 장본인이지만, 그는 진리와 자유를 위해 투쟁한 인물이었다. 시대적으로 암울하고 어려운 상황에서 민주주의를 위해 대통령을 꿈꾸고, 제14대 대통령에 선출되어 문민 대통령으로 거듭났으니, 그 자체의 인생에서는 정말 큰 성공이라 말할 수 있겠다.

나는 역사적 평가와 후세의 평가가 다를 수 있기에 유명 정치인에 대한 의견은 잘 밝히지 않는 편이다. 그런데 텔레비전 속 연예인들이 다양한 모습을 보이는 것처럼, 정치인 역시 여러 모습을 보이는 것 같다. 그들의 팔색조 같은 모습은 나의 내면적 성장과 꿈 생각에 큰 영향을 주었다. 꿈과 비전이 창대했던 역대 대통령들이 막상 대통령이 되고 나서 일으킨 각종 비리나 잘못된 행동들이 많이 아쉽기는 하지만, 도전하고 꿈꾼다는 삶의 측면에서는 정말 존경할 만하다.

2017년 탄핵을 당한 박근혜 전 대통령의 경우, 박근혜·최순실게이트로 구치소에서 심판을 기다리고 있다. 어릴 적, 아버지 어머니를 하늘로 먼저 보낸 가정적 비운을 딛고 일어선 그녀는 분명 멋진 국민의 대통령을 꿈꿨으리라. 후대에 역대 대통령 중 누구보다 비판적인 평가를 받을지도 모를 그녀는 어떤 꿈을 꾸었으며, 그것을 어떠한 방법으로 이루고자 했을까? 또 한 사람, 국민의 심판을 받고 서울의 한 구치소에 수감된 이명박 전 대통령은 어떤 꿈을 꾸었을까? 분명, 지금처럼 우는 가족들을 뒤로

하는 꿈을 꾸지는 않았을 것이다. 전 역대 대통령 두 명이 동시에 수감되는 꿈을 꾸지도 않았을 것이다.

우리가 느끼는 두려움은 대부분 머릿속에서 만들어낸 창작품이다. 그걸 깨닫지 못하는 것뿐이다. 걸음마를 배우는 아기를 보자. 아기가 단번에 성공할 거라 믿는가? 다시 서보고, 그러다 또 쿵 넘어지곤 한 다. 아기는 평균 2천 번을 넘어져야 비로소 걷는 법을 배운다.
■ 로랑 구넬

나는 페이스북을 통해 자주 세상을 바라본다. 페이스 북은 미국에서 가장 성공한 소셜 네트워크 서비스이자 우 리나라에서도 가장 큰 소셜 네트워크 서비스 중 하나이 다. 2007년 영국에서 지내던 시절, 외국 친구들과 지속적 인 소통을 위해 만든 페이스북은 나에겐 하나의 사회적 도구였다. 지금은 나 자신의 일상과 김은화라는 브랜드를 알리는 수단으로 기능하고 있다. 그때는 페이스북이 우리 나라에까지 깊숙이 파고들리라고는 상상하지 못했다.

2000년대 초반, 우리나라에서 대히트를 쳤던 싸이월드 미니홈피 열풍을 많은 이가 기억할 것이다. 영원할 것만 같았던 싸이월드의 인기와 개발사의 부는 그리 오래가지 않았다. 싸이월드를 누르고 우리 곁으로 온 카카오스토리, 페이스북, 인스타그램, 그리고 네이버카페와 블로그까지, 시대와 사람들의 요구(Needs)에 따라서 각 시대의 SNS의 형태와 선호도는 달라진다는 것을 지난 15년간의 형태 변화를 통해 알 수 있다.

페이스북의 설립자 마크 저커버그는 현재 CEO로 활동 중이다. 그가 하버드대학교 재학 시절, 대학생들을 대상으로 만든 페이스북은 이후 전 세계로 서비스가 확대되었고, 현재 수억 명이 사용 중이다.

싸이월드가 주변 사람들과의 커뮤니티 형성에 중점을 맞췄다면, 페이스북은 비슷한 관심사를 가진 이들과의 의

견 교류를 통해 친구를 맺는 게 핵심이다. 이 기막힌 소통 채널을 만든 마크 저커버그는 많은 이가 도달하고자 하는 최종 목적지요 표본이자 롤모델이다. 많은 이가 그의 창의적 모험 정신을 본받고 싶어 한다. 물론 나도 그중 한 명이다.

요즘 결혼한 친구들 중 아기를 가진 커플이 많다. 이제 그들의 고민은 '어떻게 하면 아이를 잘 키울 수 있을까?' 혹은 '어떻게 하면 똑똑하고 창의적인 아이로 키울 수 있을까?'에 집중될 것이다. 이쯤에서 나도 욕심을 부리고 싶어진다.

'내 미래의 아들이나 딸이 저커버그 같은 훌륭한 인재로 자란다면?'

상상만 해도 기분 좋은 일이다.

소설 《젊은 베르테르의 슬픔》을 읽으면서 이런 작품을 탄생시킨 대문호 괴테가 새삼 존경스러웠다. 괴테의 어머니는 자식을 독창적인 독서법으로 교육했다. 그의 어머니는 밤마다 괴테에게 책을 읽어주었는데, 이야기의 클라이맥스까지만 읽어주고는 그다음의 내용을 괴테에게 완성하도록 했다. 어린 괴테는 늘 이야기 뒷부분을 구상하면서 자연스럽게 상상력을 키웠다. 괴테를 연구하는 학자들은 그의 높은 지능이 이러한 독특한 독서법 덕분이라고 말한다.

어떤 이에게는 괴테가 꿈의 예시가 될 수 있고, 어떤 이는 그의 어머니를 꿈 예시로 삼을 수 있다. 특히 집안 살림과 육아에 전념하는 주부들에게는 아이를 잘 키우고 멋지게 홈스쿨링한 괴테의 어머니가 얼마나 멋져 보이겠는가!

꿈을 이루기 위해서는 많은 경험을 쌓는 것이 중요하다. 괴테 어머니가 만든 독서 환경이 괴테의 상상력과 창의력, 그리고 지능에 영향을 미친 것처럼 어린 시절의 경험이나 주변 환경은 우리의 생각과 꿈에 큰 영향을 미친다. 지나고 보니 하루하루, 한 달 한 달의 작은 경험들이 나에게 많은 영향을 끼쳤음을 이제 나는 안다.

나는 편협해지지 않기 위해 각종 분야에서 활동하는 사람들과 소통하고, 여러 분야를 체험하려고 노력 중이다. 어떤 사람을 만나든 그들의 이야기에 귀 기울이며, 그 사람 자체에게서 경청하고 존경할 부분을 찾는다. 내 주변의 모든 이가 스승이 될 수 있음을 잊지 말자.

> 문제는 어떻게 새롭고 혁신적인 생각을 떠올리느냐가 아니라 어떻게 낡은 생각을 떨쳐내느냐이다. 모든 마음은 낡은 가구로 가득 찬 방과 같다. 새로운 것이 들어오려면 먼저 당신이 알고 생각하고 믿는 것, 즉 낡은 가구를 치워버려야 한다.

■ 디 혹

내가 영국에서 1년 동안 함께했던 홈스테이 아저씨 폴은 나이 여든을 향해 달려가고 있는 지금, 프로 사진작가 데뷔를 꿈꾼다. 그는 사진에 대한 남다른 열정으로 학생들은 물론이고 각종 인물 및 풍경 사진을 찍어 인터넷에 게시하였다. 그는 하루도 거르지 않고 꾸준히 사진 구도와 색채를 연구하고 연습한다. 사진을 열정과 마음으로 찍으니 결과물도 엄청 아름답다. 아마추어 포토 콘테스트에 출전하여 입상할 만큼 재능도 인정받았다.

우리나라는 최근에야 노년층에 대한 제2의 인생이 개념화되었다. 내가 폴을 처음 보았던 2007년, 10여 년 전 영국에서도 제2의 인생 콘셉트의 강연이나 책은 보기 어려웠다. 따져보자니 폴은 우리보다 조금 더 앞서나가는 이였다. 폴은 프로 사진작가가 되기 위해 렌즈나 카메라 작동법을 더 심도 있게 공부 중이다. 더불어 다른 사진작가들의 사진과 자기 카메라에 담긴 모습을 비교하면서 지속적으로 연구한다.

신나게 꿈을 꾸고, 행한다는 활동 그 자체가 정말 행복한 작업이다. 나도 미래를 위한 행복한 꿈을 꾸는 작업에 동참하고 있다. 아직 완벽하게 꿈이 이뤄지지는 않았지만, 미래를 계획하고 실천하며 사람들과 함께하는 시간과 일련의 과정이 즐겁다. 폴도 아마 그렇지 않을까?

어떻게 꿈을 꿔야 할까? 우리는 꿈을 이루기 위한 현실적인 방법을 고민해야 한다. 어느 정도 선에서 꿈과 가치를 조율할지도 따져보아야 한다. 개인적 가치를 따를지 사회적 가치를 따를지를 결정해두면 기로에 섰을 때 나침반으로 삼을 수 있다.

수천 개의 숲도 한 개의 도토리 열매에서 만들어진다.

■ 랄프 왈도 에머슨

꿈의 예시는 우리 주변에 있다. 각자 조금씩 다른, 꿈과 꿈을 실현하는 방법 속에 여러 꿈의 예시와 그 실현법이 담겨 있다. 주변의 친구, 선배, 후배가 내 꿈의 예시이고, 텔레비전 등 매체를 통해서도 꿈의 예시를 건질 수 있다. 수많은 성공담과 실패 사례, 즉 살아 있는 교과서들 속에서 우리는 그렇게 함께 꿈꾸고 꿈의 예제를 학습하고 있다.

나의 꿈을 위하여 많은 사람의 꿈을 경험해보자. 많이 경험하고 많이 이야기하고 많이 배우자. 그 속에서 나의 꿈을 구체화하고 실현할 방법을 생각해보자. 나의 꿈이 정말 현시되도록!

우리는 모든 사람에게서 배울 수 있다. 더불어 책을 통해 동서양의 성공담과 실패담, 그리고 지혜를 배울 수 있다. 책 읽기를 싫어한다면, 포털사이트 검색을 통해 데이터를 취할 것을 권한다. 우리 주변에는 생각보다 정면교사 혹은 반면교사로 삼을 사례가 넘쳐난다. 그것들을 내 인생에 끌어들여 꿈의 예시로 활용하자.

Part 4

꿈 콘서트를
개막하며

01

함께 가면 멀리 간다

나는 당신이 할 수 없는 일을 할 수 있고, 당신은 내가 할 수 없는 일을 할 수 있다. 따라서 우리는 함께 큰일을 할 수 있다.

■ 마더 테레사

'같은 무리끼리 서로 사귐'을 뜻하는 유유상종(類類相從)은 어떤 부류와 교류하느냐에 따라 긍정의 말이 될 수도, 부정의 말이 될 수도 있다. 많은 부모가 자녀에게 끼리끼리 논다는 말을 잔소리처럼 늘어놓는다. 자녀가 매사에 성실한 친구들과 어울리길 바라기 때문이다.

어린 시절, 나 또한 빈번히 친구 따라 강남 갔다. 친한 친구가 교회 목사님 딸이라서 오랫동안 교회를 다녔고, 좋아하는 친구가 미술을 했기에 나 또한 그림을 그리며 같이 활동했고, 멋진 선배들이 토론부에서 독서하고 토론하는 모습이 좋아 그들과 함께했다.

가정환경 못지않게 주변 사람들 또한 우리 인생에 큰 영향을 미친다. 사실, 나는 팀 프로젝트를 좋아하지 않았다. 학창 시절, 항상 폐를 끼치는 특정 인물 탓에 조별 학업 성적에서 피해를 많이 봤기 때문이다. 그러다 보니 나 혼자 독박을 쓰다시피 하며 과제를 한 적도 많았다. 대학교 때는 영어와 철학과 전공 과목과 교직 과목을 동시에 이수하느라 늘 한 학기에 들을 수 있는 최대 학점으로 수강 신청을 했다. 수업시수(授業時數)도 많았지만 그 외 동아리 활동이나 영어 스펙 쌓기, 아르바이트 등으로 굉장히 분주했다. 그 절정기는 4학년 2학기 때였다. 임용시험과 대학원 입학시험 준비로 진짜 정신이 없었다.

그때 조별 발표가 있었는데, 한 남자 후배 B가 같은 조를 하자고 제안했다. 그 수업을 받는 남자 동기는 한 명뿐이었고 나머지는 남자 선배 그리고 후배들이었다. 여자 친구들은 졸업을 한 뒤였기 때문이다. B는 나름대로 성실히 교직이수도 했기에 그의 제안을 흔쾌히 받아들였는데, 웬걸 '아뿔싸'를 연발하지 않을 수 없었다. ROTC의 군 수업을 핑계로 그는 할당량을 소화하지 못했고, 결국 조별 과제 조사와 리포트 작성은 물론 심지어 발표까지 나 혼자 다 뒤집어쓰는 상황이 벌어졌다.

발표를 마친 후, 나는 B에게 화를 내지 않을 수 없었다. 그는 발표 날에도 참석하지 않았는데, 알고 보니 군 수업 때문에 참석하지 못했다는 것도 거짓말이었다. 나는 화를 내는 경우가 거의 없었는데, 그날 제대로 폭발했다. 그런 내 모습을 본 선배들이 B를 혼내기에 이르렀다. 결국 B는 내가 전공 점수에 예민한 것을 알고, 그야말로 무임승차를 작정한 것이었다.

나는 팀 프로젝트에서도 무임승차하는 사람들이 싫다. 성실히 열정적으로 노력하는 사람에게 피해를 끼치는 것이니까. 그래서 누군가와 함께 일하게 되면 더 신경을 쓰고 더 열심히 하게 된다. 하지만 세상 모든 사람이 나 같은 마음은 아닌가 보다. 협력이라는 미명 아래 타인을 이용만 하려 들고, 같이 일하자 해놓고 숟가락만 얹은 채 아무것도 안 하는 사람들 앞에서 힘들었던 적이 한두 번이 아니다.

그럼에도 나는 오늘도 '함께해야 하는 이유'에 대해서 역설하지 않을 수 없다. 내가 모든 걸 할 수 있으면 최상이겠지만, 그건 불가능하다. 우리에게는 부족한 부분이나 치명적인 약점이 있게 마련이고, 시간적 제약도 받기 때문이다.

세상에서 가장 현명한 사람은 모든 사람으로부터 배울 수 있는 사람이고, 남을 칭찬하는 사람이고, 감정을 조절할 수 있는 사람이다.

■ 탈무드

회사를 설립할 때 그토록 신경 쓰고 해야 할 것이 많은지 미처 몰랐다. 최근 사업자를 내고 사업을 진행하면서 나는 사무실에서부터 전화, 홈페이지, 사업제안서, 영업, 회계 등 구색을 갖추는 와중에도 부족한 것이 여전히 많음을 통감했다. 그저 회사의 구성원이었을 때는 주어진 틀 안에서 내가 해야 하는 것에 플러스 알파 정도면 인정받았다. 하지만 사소한 것에서부터 굵직한 것들까지 갖가지 결정을 하는 것도 쉽지 않았고, 목표를 실현하는 것도 생각 이상으로 힘들었다. 지금은 나의 사랑하는 동반자가 운영상 어려운 부분을 도와주고 있다. 내 삶의 짝궁이 아니었다면, 정말 시작조차 힘들었을지 모른다. 아직 부족

한 부분은 많지만 앞으로 함께 성장해 나아갈 수 있기에 우리는 기쁜 마음으로 힘을 합해 노력하고 있다.

스타트업을 시작해보니 좋은 기획과 내용도 중요하지만, 그 무엇보다 마케팅이 중요하다는 것을 느꼈다. 아무리 좋은 내용이 있어도 사람들이 모르면 말짱 꽝임을 깨달았다. 그 때문에 회사에서 그토록 마케팅과 영업을 강조하는 거구나 싶었다.

나는 마케팅의 일환으로 디자인 작업에 조금 더 공을 들였다. 이 지면을 빌려, 회사 로고부터 명함, 포스터, 마케팅 시안 등 여러 작업을 도와준 노블리쉬의 디자이너에게 고마운 마음을 전한다. 이 친구가 새벽이든 늦은 밤이든 신속히 작업을 진행해줘서 단기간에 많은 것을 이룰 수 있었다.

　최근 몇 년 사이, 나에게 꿈 동지가 많이 생겼다. 그들과 나는 꿈 조언을 주고받으며 상호 협력하고 있다. 함께 하는교육연구소에서 강연을 할 때마다 많은 연사가 흔쾌히 참여해주었고, 여기에 든든한 이사진까지 가세했다. 내가 하는 일에 굳건한 믿음으로 지지하며 기꺼이 도와주는 이들의 따스한 마음과 손길을 느낄 수 있는 요즘이다.

　앞으로 나는 케이시, 로저, 파예를 포함한 많은 노블리쉬 동료들과 함께 더 적극적으로 일해볼 생각이다. 더불어 콘텐츠 파트를 전담하는 이들과도 더 많은 일감을 공유하고 싶다. 이를 위해 나는 열심히 CEO 모임에 나가 노블리쉬를 알리고, 많은 이와 소통하려 노력하고 있다. 2017년 하반기 TED에 출연한 케이시와는 최근에도 함께 할 만한 것을 찾아 늘 고민하고 있다.

　2018년 상반기는 특히 재미있는 행사를 다수 벌였다. 이 와중에 나와 함께한 이들에게 진심으로 감사하다. 성품이 온화하고 생각이 잘 통하는 동갑내기 파예와는 앞으로도 많은 일을 같이할 수 있을 것 같다. 최근 한 세일즈 파트의 CEO와 1:1 무역 영어 레슨을 진행한 적이 있는

데 후기도 좋았다. 또한 어떤 파트를 맡겨도 재미있고 열정적인 강의 시간을 만들어내는 테솔 전문가 로저와 함께할 수 있어서 나는 기쁘기 그지없다. 더불어 내 대학교 친구이자 멋진 인생의 꿈 동지인 추지형을 포함한 많은 분과 함께 좀 더 적극적으로 미래를 만들어 나아가고자 한다.

아직까지 나는 많은 부분에서 미숙하다. 하지만 걱정하지 않는다. 함께하는 이들이 내 곁에 있으니까. 이제는 혼자 하는 것보다는 둘이, 셋이, 여럿이 하는 게 더 좋다. 큰일을 하고 큰 꿈을 이뤄내기 위해서는 분명 혼자 하는 데 한계가 있다. 함께 가야 더 멀리 갈 수 있다. 물론 이를 위해서는 상호 배려 및 신뢰가 전제되어야 함을 나는 항상 유념하고 있다.

빨리 성공하고 싶은가? 어떻게 하면 가슴속의 원대한 꿈을 이룰 수 있을지 고민하는가? 빨리 가는 것도 중요하지만, 더 중요한 것은 함께 가는 것이다. 나의 꿈, 너의 꿈을 서로 응원하면서 그렇게 꿈 동지들과 함께한다면 더 빨리 꿈을 이룰 수 있을 것이다. 부족한 면을 채워

주고 격려해주고, 더 나은 방법을 제시해줄 수 있기 때문이다.

지금 원대한 꿈을 품은 채 외로이, 그것도 버겁게 걸어가고 있는가? 그렇다면 꿈 동지와 함께 가라. 그들과 함께 즐겁게 더 빨리 당신의 꿈을 실현하라.

02

타인의 삶을 위하여

성공 측정의 방법을 바꿔라. 이력서를 얼마나 화려하게 만들었느냐가 아니라 타인에게 어떤 영향을 미쳤는지, 주위 사람들의 삶을 변화시켰는지를 기준으로 삼아라.

■ 토머스 J. 드롱

타인의 삶을 위하라고? 내 꿈 이루기도 급급한데, 무슨 뜽딴지같은 소리냐고 할 수도 있겠다. 누구나 성공을 꿈꾼다. 억만장자가 되고 싶은 사람도 있을 것이고, 대통령 등 최고의 명예를 꿈꾸는 사람도 있을 것이다.

나 역시 내 인생 가치를 놓고 열심히 고민해보았지만, 아직 하나의 최고 가치를 정하지는 못했다. 내 인생 가치에서 명예도 중요하고 물질적인 성공도 중요하다. 내가 꿈꾸는 멋진 대안학교와 사회적 환원을 위해서는 어느 정도 물질 측면이 충족되어야 가능한 일들이 분명 있기 때문이다. 현재 내가 하고 있는 일들을 대안학교의 일환으로 생각하고 있지만, 추후 정말 크게 교육사업을 벌여 더 많은 이에게 선한 영향력을 전달하고 싶다.

2017년 포항 지진 때, 많은 이가 피해 가족들에게 자원봉사와 성금 등으로 구원의 손길을 보냈다. 일본군 위안부 피해자였던 91세 김복동 할머니도 생활지원금을 모은 1천만 원을 JTBC에 기부했다. 할머니는 그저 돈만 보내는 게 죄송하다는 영상을 보냈다.

"포항에 계시는 여러분 얼마나 고생이 많으십니까? 먼 데서 가보지도 못하고 앉아서 영상을 보내 대단히 미안하고 송구합니다. 국민들의 후원으로 따뜻한 방에 잠자고 살면서 우리 국민 여러분께서 고생을 하신다는 이야기를 듣고 그냥 견딜 수가 없어 얼마 안 되는 기부금이나마 보내니까……."

할머니의 선행은 이게 처음이 아니었다. 2년 전에는 분쟁 지역 아이들을 위한 장학기금으로 5천만 원을 기부했다. 자신의 가족을 돌보고 자신의 앞날과 현재를 걱정하며 사는 게 인지상정인 마당에, 남을 위하여 거액을 선뜻 내놓기란 쉬운 일이 아니다. 그럼에도 불구하고 타인을 생각하며 자신이 국가에게서 받은 것, 국민들에게서 받은 것을 사회에 돌려주고자 하는 할머니의 따스한 마음은 한마디로 고귀하다.

무슨 일이 생겼을 때 연예인들 또한 작게는 수백, 많게는 수억씩 기부를 한다. 기부한 연예인들에게 수입 대비 기부금이 너무 적다며 악성 댓글을 다는 사람도 많다. 한 달에 100만 원을 벌어서 1만 원을 기부하는 게 쉬운 일인가? 기부하는 마음, 열정, 시간을 따지자면 악플러들은 정말 손가락을 함부로 놀려선 안 된다.

노천에서 김밥을 팔며 평생을 살아온 할머니가 모 대학에 장학기금을 전달한 일을 기억하는가? 할머니는 평생 학업을 제대로 하지 못한 한 때문에, 돈이 없어서 공부를 못 하는 학생들이 없었으면 하는 마음에 기부했다고 밝혔다. 부유하고 부유하지 못하고를 떠나 무언가를 위해 후원하는 모습을 보자면 마음이 찡하다.

부자는 많이 '갖고' 있는 사람이 아니라 많이 '주는' 사람이다. 하나라도 잃어버릴까 봐 안달하는 사람은 심리학적으로 말하면 아무리 많이 갖고 있더라도 가난한 사람, 가난해진 사람이다. 자기 자신을 줄 수 있는 사람은 누구든지 부자이다.

■ 에리히 프롬

대학원 때 교내 독서 동아리 학우들과 같이 본 영상 하나가 떠오른다. 고(故) 이태석 신부의 〈울지 마 톤즈〉이다. 나를 포함하여 많은 이의 가슴을 울린 다큐멘터리 영화다.

아프리카 수단 톤즈에서 휴가차 잠깐 귀국한 이태석 신부가 생애 처음 받은 건강검진에서 시한부 판정을 받는 것으로 영상은 시작한다. 수단으로 돌아가 다시 아프리카인들을 도와야 했기에 그는 항암 치료를 받는다. 톤즈에서 그는 단순한 의사가 아닌, 한 명의 진정한 친구였다. 그의 병세는 날로 심각해졌고, 결국 손쓸 수 없게 되었다.

이태석 신부가 세상을 떠나고, 톤즈에서는 조그만 장례식이 열렸다. 톤즈 사람들은 왜 하나님은 좋은 일을 많이 하고 여러 사람을 살리는 사람을 데려가냐고, 자신을 먼저 데려가라며 울었다. 다른 민족에 비해 눈물을 보이지 않는다는 그들이 정말 슬프게 진심으로 그를 그리워하며 울었다.

　이태석 신부는 한센병을 앓고 있는 사람들의 상처를 어루만져주고, 나아가 소외되었던 그들과 대화했다. 그는 발 모양이 다 다른 한센병 환자들의 발에 맞는 신발을 하나하나 만들어주고 신겨주며, 환자들을 웃음으로 대했다. 그에게서 신발을 받기 전에는 맨발로 다녔던 톤즈 사람들이다. 그런 소중한 신발을 선물하고, 수단의 오랜 내전이 있을 때도 희망을 전한 그였다. 그는 음악을 통해 사람의 마음을 치유하는 법도 알려주었다. 타고난 리듬감을 가진 아프리카 아이들에게 음악을 가르쳐 밴드를 조직하게 했다. 이 밴드는 그의 죽음에 진심으로 흐느껴 울면서 거리 공연을 했다.

　이태석 신부는 저서 《친구가 되어 주실래요?》에서 함께 나누는 봉사의 삶을 통해 자신의 삶에 영향을 준 아름다운 향기를 느꼈다며 어떤 어려움이 닥쳐도 톤즈 친구들을 버리지 않고 영원히 함께하겠노라는 따뜻한 마음을 절실히 전했다.

> **받는 것보다 주는 것이 행복하다는 사실은 곧 진리이다. 힘 닿는 데까지 최대한 남을 도와주었다고 느끼는 사람은 실로 행복한 사람이다. 덕은 외롭지 않다. 덕을 베풀면 반드시 결과가 있다. 친절을 베푸는 행위는 절대로 헛되지 않는 법이다.**

■ 앤드루 카네기

고등학교 시절, 나는 선배들과 함께 '씨앗'이라는 봉사 단체를 조직하여 정신지체 장애우들을 상대로 교육봉사 활동을 했다. 간단한 우리말을 알리는 일이었는데, 그때 만난 친구들은 사실 우리말보다는 온정이 더 필요한 상태였다. 한글 하나를 더 가르쳐주는 것도 좋겠지만, 그보다는 그들과 함께하며 혼자가 아니라는 것, 함께 살아가기 위한 소통 수단인 언어가 얼마나 중요한 것인지를 알려주고 싶었다. 큰 도움은 아니었겠지만, 그들은 내가 방문하는 시간을 기다렸고 행복해했다.

교육 나눔 활동을 통해 나는 많은 것을 더 많은 이와 공유하며 세상에 선한 영향력을 주고 싶다. 나도 김복동 할머니처럼 내 주변인들에게서, 세상 사람들에게서 많은 것을 받아왔다. 내 가족, 선생님, 친구, 꿈 동지 들에게서 많은 사랑과 조언을 받은 만큼 나 또한 더 많이 나눠주고 싶다. 아직 꿈을 찾지 못한 채 헤매는 이들과 가능한 한 더 많이 꿈으로써 교감하고 싶다.

이기적 성공만을 향해 내달리는 사람들은 주변을 잘 돌아보지 못한다. 그저 자기 자신만 생각하고 자신의 이익만 추구하며 타인과 더불어 가지 못하는 삶은 대개 성공하지 못한다.

우리는 진정 타인을 배려하고 함께 가는 삶을 통해 더 큰 꿈을 꿔야 한다. 조금 더 향기롭고 아름다운 삶을 살고 싶지 않은가? 주위를 찬찬히 둘러보고, 함께 나아갈 방법을 찾아보자. 우리 삶을 향기로 가득 채우고, 꿈으로 가득한 아름다운 삶을 함께 만들어가자. 슬픈 일을 함께 나누면 그 슬픔이 반으로 줄고, 기쁜 일을 함께 나누면 그 기쁨이 배가 되는 법이다. 타인을 위한 삶이 그저 봉사와 기부를 뜻하는 것은 아니다. 내가 할 수 있는 것을 함께 나누는 것, 꿈을 함께 꾸고 이루는 방법을 공유하는 것도 더불어 사는 삶의 한 걸음이라 하겠다.

03

가슴 설레는 순간들

이루고 싶은 모습을 마음속에 그린 다음, 충분한 시간 동안 그것이 사라지지 않게 간직하고 있으면 반드시 그대로 실현된다.

■ 윌리엄 제임스

　지난날 국가적 위기 때마다 스포츠 영웅들은 우리 모두를 아주 설레게 했다. 1998년 US여자오픈에서 골프 선수 박세리가 양말을 벗고 물에 들어가 연못 기슭의 공을 밖으로 쳐내던 순간을 기억하는가? 맨발 투혼으로 멋지게 헤저드 샷을 성공시키는 순간, 그리고 마침내 열악한 한국 골프계의 한계를 넘어 우승하는 순간 온 국민이 시름 속에서 저마다 희망의 불을 지폈다. 그 당시는 IMF 외환위기로 너나없이 힘든 시절이었기에 그녀가 힘차게 쳐낸 골프공은 국민 모두를 다시금 꿈꾸도록 하기에 충분했다. 나라 경제도 회복하고, 가정 경제도 회복하고, 곤두박질친 꿈을 일으켜 멋지게 비상할 것을!

야구 선수 박찬호 역시 단순한 스포츠 스타 이상의 존재였다. 한국 야구 역사상 최고의 투수로 기억될 그는 한국인 최초로 메이저리그에 진출하였다. 1994년 LA다저스에서 데뷔한 그는 2005년에는 메이저리그 통산 100승이라는 어마어마한 기록을 세웠다. 또 2010년에는 124승을 거두어 메이저리그 동양인 최다승 투수가 되었다. 그는 우리나라 선수 중 한국·미국·일본 세 리그에서 모두 선발승을 거둔 유일한 선수다. 3개국 리그 통산 156승의 성적을 거둔 박찬호다.

최근에는 야구 선수 류현진, 축구 선수 손흥민 등도 멋지게 국위 선양을 하고 있다. 어릴 적 나에게 박세리와 박찬호가 스포츠를 통해 전달해준 감동의 희망은 아직까지 내 마음 깊숙이 자리하고 있다. 아마 그 시절 그 순간을 함께했던 국민 대부분도 그러할 것이다.

이렇듯 저마다 감동으로 가슴 설레는 순간들이 있을 것이다. 당신은 어떨 때 가장 가슴 설레고 기뻤는가?

큰 희망이 큰 사람을 만든다.

■ 토머스 풀러

많은 이가 억대 혹은 그 이상의 연봉을 받는 운동 선수를 부러워한다. 물론 나도 부럽다. 그런데 운동 선수는 천부적인 소질이기도 하지만, 90퍼센트 이상은 그 소질을 키우기 위한 피나는 노력의 과정을 거쳐 정상까지 올라간다. 우리가 좋아하는 축구 선수 박지성의 경우, 2017년 영국 맨체스터 유나이티드 홍보대사로 임명되었다. 그는 맨유의 전설인 기존의 홍보대사 7명과 함께 세계 각국의 팬들을 만나 맨유의 얼굴로 활동한다. 그리고 홍보대사라는 명목으로 억대 연봉을 받는다. 사실, 그는 평생 쓰고도 남을 돈을 이미 그의 인생 전반기에 다 벌었고, 명예도 세계 정상급이다. 그런 그가 정상에 오르기까지 얼마나 피나는 노력을 했을까?

현역 시절 너무 많이 뛰어서 무릎 연골이 심하게 손상된 축구 선수가 비일비재하다. 무릎 연골은 재생되지 않는 부분이며, 인공관절을 넣으면 10년 주기로 교체해야 한다. 박지성 역시 2007년 미세친공술로 연골 수술을 했다. 그 당시 나는 영국에 있었는데, 그를 그라운드에서 볼 수 없어서 몹시 슬펐다. 물론 그에게는 자신의 신체를 다잡고 더 나은 미래를 위해 새롭게 정비하는 시간이었겠지만 말이다.

요즘 텔레비전에서 많이 보이는 농구 선수 서장훈의 경우도 다리와 목 사용이 불편하다. 국보급 센터였던 그는 내가 초등학생이었을 때 연세대학교 농구 선수로 인기를 누렸다. 큰 건물도 가지고 있어서 요즘엔 '부자 건물주', '운동 선수 출신의 재미있는 연예인' 이미지를 갖추고 있다. 나는 그가 선수로서 대성할 수밖에 없었을 만큼 기울인 끈질긴 노력에 찬사를 보내고 싶다.

1994년 농구대단치에서 그는 큰 부상을 입었다. 상대팀 선수들은 아무리 특급 마크를 펼쳐도 그의 선전을 막을 수 없자, 아예 그의 뒤통수를 가격해버렸다. 그는 연수 부분에 큰 충격을 받아 코트에 그대로 쓰러졌고 병원에 실려 갔다. 그의 부상은 중환자실에 2개월이나 입원했어야 할 만큼 심각했다. 그는 한국 농구에 환멸을 느껴 미국 유학길에 올랐다가 다시 국내 농구 코트로 돌아왔다. 그런데 또 다른 선수가, 그의 목을 가격하여 정말 코트를 떠나야 할 지경에 이르렀다. 하지만 그는 목 보호대를 착용

한 채 코트에 오를 만큼 농구 열정이 남달랐다. 그야말로 생명을 위협받을 정도의 위기가 수차례 닥쳐도 꿈을 포기하지 않은 특급 선수였다.

1995년 6월, 삼풍백화점 붕괴 사건이 있었다. 백화점 건물이 순식간에 폭삭 내려앉은 엄청난 비극이었다. 이때 무려 502명이 사망했고, 937명의 부상자와 6명의 실종자가 발생했다. 붕괴 원인은 부실 공사 때문이었다. 건설 당시부터 건물이 무너지지 않을 정도로만 기둥을 세운 것이 훗날 단 20초 만에 건물이 무너진 이유였다. 텔레비전에서는 연일 이 사건과 생존자, 사망자에 대해 보도했다. 생존자 구출도 정말 쉽지 않았다. 21일 만에 구출된 여성도 있었다.

삼풍백화점 붕괴 사건을 보면서 구조 소방대원들이 정말 대단하다고 느꼈다. 불안전한 붕괴 현장에서 자신의 목숨까지 내놓은 채 생존자를 한 명씩 구해내는 그들은 내게 슬픈 환희를 주었다.

언제, 그리고 어떨 때 가장 설레고 좋았는가? 열심히

준비했던 논술토론대회나 학업에서 좋은 성적을 거두면 정말 뿌듯하고, 나의 땀이 열매를 맺은 것 같아서 기쁠 수 있다.

원초적으로 맛있는 것을 좋아하는 사람이 교통이 좋지 않은 먼 지방까지 찾아간 맛집에서 맛난 음식을 먹고 기쁨을 느낄 수도 있다. 혹은 사랑하는 가족을 위해서 맛있는 요리를 준비해 가족과 함께 즐겁게 대화하며 식사하는 데서 기쁨을 느낄 수 있다. 아기가 생겨서, 아기가 태어나서, 아기가 걸어서, 하루하루 기적적인 경험에 기쁨을 맛볼 수도 있겠다.

피아니스트라면 피아니스트 조성진처럼 멋진 삶을 꿈꾸며 기량 향상에 기쁨을 느낄 것이다. 화가라면 제2의 고흐나 피카소를 꿈꾸며 작품 하나를 완성할 때마다 희열하며 설렐 것이다.

모두에게 가슴 설레는 순간은 다르다. 그 순간은 꼭 특별한 이벤트나 사건이 아닐 수 있다. 일상의 작은 부분부터 대단한 이벤트에 이르기까지, 우리는 조금씩 다른 것들에 기뻐하고 행복해한다.

고등학교 동창 하나는 우리나라 굴지의 대기업을 5년

넘게 다니다가, 돌연 고액 연봉의 직장을 내팽개쳤다. 회사에서 인정받고 큰 프로젝트도 많이 진행한 친구였다. 공부도 잘하고 미술도 잘했던 그녀는 요리하는 즐거움에 푹 빠져 영국으로 요리 유학을 다녀온 뒤, 요리사로 일하기도 했다. 자신만의 멋진 음식 프렌차이즈 브랜드를 꿈꾸며, 한 단계씩 나아가는 친구를 보면서 나도 그녀와 함께 가슴 설레는 중이다.

이렇게 꿈을 좇는 일상의 즐거움 속에서 나는 내 주변의 작은 행복들에 감사해하는 습관이 생겼다. 특히 최근 내가 가지고 있는 것을 나누고, 선한 영향력으로 사람들과 함께할 때 기쁨을 느끼고 있다.

어떤 일을 할 때 가슴 설레는가? 어떨 때 가슴이 뛰고 흥분되는가? 누구나 가슴 설레는 일이 있게 마련이다. 지금 나를 가슴 설레게 하고, 흥분시키는 순간들을 한번 열거해보자. 가슴 설레는 순간들을 마음속에 그려보자. 조금씩 실현될 수 있도록 날마다 머릿속에 선명히 그리자. 그 그림을 사람들과 공유해보자.

작은 일상의 즐거움에도 주목하자. 그 즐거움이

나의 꿈 스토리로 변화할 것이다. 꿈을 꿀 때, 핵심 중 하나는 내 가슴이 시키는 일을 하는 것이다. 어떤 일을 할 때 흥분된다면, 그건 내가 정말 좋아하는 일이자 내가 진정 즐기는 일이라는 방증이다.

04

나이는 숫자에 불과하다

사람은 새로운 도전에 대한 꿈을 접을 때 늙는다. 만약 꿈이 없다면 자신도 모르는 사이에 천천히 그러나 확실히 시들 것이다.

■ 엘링 카게

대학에 진학한 경우, 대학생활의 낭만과 환희를 많이들 느껴보았을 것이다. 스무 살에 입학하여 학우들과 어울려 공부도 하고, 동아리생활도 하고, 연애도 하면서 말이다. 그런데 요즘은 대학 진학 후에도 고등학교 때처럼 공부를 하는 추세다. 자신의 꿈이 무엇인지 살필 겨를도 없이 취업에 매달려야 하는 세상이 되었다. 낭만을 꿈꾸기엔 너무 삭막한 풍경이다.

하지만 어떤 할아버지에게 대학은 동경이자 인생의 최종 꿈이었다. 수능을 준비하는 한 할아버지의 인터뷰가 뉴스에 나왔는데, 그는 다가오는 수능시험 때문에 너무 긴장된다고 했다. 그는 특히 암기가 힘들다고 말했다. 그의 노트에는 갖가지 수능 영역을 공부한 흔적이 빼곡히 담겨 있었다. 그 노트만으로도 그의 순수한 열정과 대학 진학의 간절한 열망이 느껴졌다. 나이도 나이지만, 무엇보다 놀라운 것은 할아버지가 암환자라는 사실이다. 그 힘든 항암 치료를 하면서 수능 준비를 한다니, 나로서는 상상조차 하기 힘든 노릇이다. 그는 지금 즐거운 대학생활의 꿈을 꾸고 있다.

내 주변에는 나이에 상관없이 정말 멋지게 자기 인생을 주체적으로 살아가는 이가 많다. 지인들 중에서 제일 먼저 떠오르는 이는 단연 플로리스트로 활동 중인 박연정 회장님이다. 현재 은미꽃 예술중앙회장으로, 자원봉사도 폭넓게 하고 있다. 그녀는 나의 대학교 은사님과 오랜 벗으로, 내 연구소를 개업할 때 꽃으로 연구소를 꾸며주었다. 회장님과는 현재까지 특별한 인연을 이어오고 있다. 2018년 현재 고희가 된 그녀는 여전히 아름답고 건강하다. 그녀는 정말 아름답게 꿈을 꾸는 분인데 최근 나에게 많은 가르침과 위로를 건네주는 등 내 삶의 나침반이 되는 감사한 분이다.

나이가 들어도 전문성을 갖추어야 한다며 박 회장님은 지금도 열심히 교육을 수료하고, 자격증 이수를 위해 실습도 열심히 하고 있다. 경찰청, 파출소, 소방청 등에서 오랜 시간 꽃꽂이를 했는데 그녀의 배움은 늘 현재진행형이다. 꽃 하나를 꽂아도 정성과 사랑으로 하기에, 그녀의 꽃을 선물받으면 기분이 확 좋아진다. 그 꽃에 오랜 기간 아프리카 아이들을 후원하고, 교육하고, 장애우들을 보듬은 따뜻한 손길이 깃들어서가 아닐까 싶다. 그녀는 요즘 고아원이나 양로원도 전문성이 없으면 봉사할 수 없다며 젊은이들에게 꼭 전문성을 기를 것을 강조한다.

우리 부모나 그보다 조금 앞선 세대들은 보통 은퇴 후, 즉 60세 이후의 삶을 걱정했다. 하지만 최근 세대에게는 먼 옛이야기지 싶다. 현대중공업에서 정년까지 다 채우고 은퇴한 큰아버지. 한 직장에 들어가 몇십 년간 성실하게 일해온 큰아버지가 나는 정말 존경스럽다. 내가 사회에 나와 회사에서 일을 해보니, 1개월이고 1년이고 10년이고를 떠나 회사생활은 그 자체만으로도 정말 힘들다는 사실을 깨달았다. 특히 요즘은 30대 후반, 40대 초중반만 되어도 명예퇴직을 걱정하는 분위기인데, 대기업에서 정년까지 지내고 은퇴하였으니 얼마나 많이 노력하셨을까 짐작이 간다.

회사에서는 정말 조금이라도 일을 잘 못하고, 전문성과 경쟁력이 없다면, 한 달 월급도 제대로 받기 힘든 게 현실이다. 박 회장님은 요즘 젊은 플로리스트들도 많고, 꽃을 다루는 사람들도 워낙 많은데도 불구하고, 여전히 현직에 있으니 정말 존경스럽다.

자신만의 전문성과 봉사로 박 회장님은 각종 수상 경력도 꽤 많다. 1994년에는 자랑스러운 서울시민 600인에 선정되었고, 여러 공공기관과 학교에서 감사패와 공로상을 수상했다. 이러한 결과는 항상 꿈을 꾸고, 배움을 잃지 않고, 열정적으로 노력하는 데서 비롯된 것 같다. 더불어 각 분야의 사람들과 나이를 막론하고 다양하게 소통하는 것도 인생의 뿌듯한 결과물을 얻는 원동력인 듯하다. 내가 행사를 기획하면 그녀는 시간과 장소를 가리지 않고 제일 먼저 도착해서 웃음을 준다.

박 회장님은 좋아하는 일을 하기 위해서는 건강관리도 잘해야 한다며 항상 나를 꾸짖고 챙겨준다. 체력이 상

대적으로 약한 내가 2017년 초 봄에 몸이 너무 안 좋아서, 그녀의 부축을 받으며 한의원에 간 적이 있다. 30대가 그 당시 60대의 부축을 받으며 거리를 걸으니 사람들이 쳐다보는 건 당연했다. 그녀는 따뜻한 샤브샤브를 사주며 "많은 일을 하고 큰일을 해야 하는 사람은 건강관리를 잘해야 한다"라고 조언해주었다.

나는 일을 몰아서 하는 스타일이라, 한밤에 응급실에 가서 링거를 맞는 상황이 종종 발생했다. 이런 일을 더는 겪고 싶지 않아 최근에는 조깅도 하고 요가도 하고 있다. 온전히 꿈을 꾸기 위해서는 건강한 체력관리도 필수라는 걸 느꼈기 때문이다. 꿈을 이루는 것만큼 꾸준한 건강관

..

리도 필수이다. 신체는 나이에 꼭 정비례하지 않음을 명심하자. 또한 나이가 든다고 해서 꿈을 꿀 수 없는 것도 아니다. 나이가 어리다고 해서 원대하게 꿈을 꾸고 실행하는 것도 아니다.

나이를 더해가는 것만으로 사람은 늙지 않는다. 이상을 잃어버릴 때 비로소 늙는다. 세월은 피부에 주름살을 늘려가지만 열정을 잃으면 영혼이 시든다. 그대는 가지고 있는 믿음만큼 젊고 의심만큼 늙는다. 자신감만큼 젊고 두려움만큼 늙는다. 희망만큼 젊고 실망만큼 늙는다.

■ 사무엘 울먼

우리나라는 나이에 걸맞은 품의와 예의를 중시한다. 그리고 사회적 체면을 지나치게 중시하며, 타인을 많이 의식한다. 외국에서는 정말 살이 쭈글쭈글한 할머니도 당당히 비키니를 입고 다닌다. 나이 지긋한 커플이 손을 맞잡고 키스를 한다. 우리나라 해변이나 수영장에서는 볼 수 없는 모습들이다. 우리가 매일 입는 옷처럼, 나이에 상관없이 꿈꾸고 도전하는 문화가 자연스러운 모습이 되면 좋겠다.

KBS의 장수 프로그램 〈전국노래자랑〉에서 MC 송해 선생은 없어서는 안 될 인물이다. 그는 이제 대한민국 에너지의 희망이자 예시인 진정한 국민 MC이다. 그는 〈전국노래자랑〉에서 30년 넘게 진행을 해오고 있으며, 이 땅의 곳곳에서 시민들과 함께 시간을 보냈다. 자신의 고향이 있는 북한에서도 방송한 바 있는 역사적인 진행자이기도 한 그는 이제 90세가 넘었다. 그는 150세까지 〈전국노래자랑〉 MC를 볼 것이라는 말을 곧잘한다. 그가 방송에서 보이는 모습은 웬만한 젊은이들과 비교해도 꿀리지 않는다. 긍정적인 에너지와 유머 감각, 그리고 재치 있는 입담과 건강까지! 그는 정말 살아 있는 우리나라 꿈의 전설이다.

혹시 지금 나이 들어가고 있다는 사실에 우울해하는가? 오늘이 지나가고 내일이 다가옴이 두려운가? 나이는 자꾸 먹고 회사에는 매년 젊은 신입들이 들어오는데, 이러다가 실력 부족으로 낙오되지 않을지, 혹은 승진시험에서 떨어지지는 않을지 불안해하고만 있을 것인가? 프리랜서라면 다음에 또 일을 받아서 할 수 있을지 지레 걱정하며 하루하루 생존의 터에서 전쟁을 치르고 있는가?

나이를 먹는다고 늙는 것이 아니다. 꿈이 없을 때 그리고 꿈꾸는 삶을 포기했을 때, 우리는 진정 늙은 사람이 되어버린다. 나이는 숫자에 불구하다. 꿈을 이루는 데 나이는 정말 중요하지 않다. 다만 꿈을 꾸고, 그것에 도전하고, 실현하느냐 못하느냐의 차이만 있을 뿐이다.

05

꿈과 가치는 변화를 만든다

타석에 들어서지 않고는 홈런을 칠 수 없고, 낚싯줄을 물에 드리우지 않고는 고기를 잡을 수 없다. 시도하지 않고는 목표에 도달할 수 없다.

■ 캐시 셀리그만

유럽 거리에서는 멋진 음악을 연주하는 예술가들을 흔히 볼 수 있다. 풍경도 멋진데, 거리의 연주자들마저 하나의 멋진 풍경 사진 같은 느낌이다. 꿈과 낭만이 있는 우리의 대학로 마로니에 공원에서도 공연을 홍보하는 이들을 제법 볼 수 있다. 꿈을 향해 도전하는 그들은 오늘도 빛을 내며 한 발짝씩 꿈을 현실화하고 있다.

나는 예술을 사랑하는 한 사람으로, 시간이 날 때마다 연극이나 공연을 보려고 노력한다. 특히 연극의 경우 관객과 함께 호흡할 수 있고, 출연자들의 순수한 꿈의 열정을 현장에서 느낄 수 있기에 무척 응원하는 바다. 연극을 관람하는 동안 내가 느끼는 희열은 엄청나다.

20세기 최고의 애니메이션 사업가 월트 디즈니는 전 세계 어린이들의 '꿈과 환상'이라는 재료로 자신만의 왕국을 건설했다. 그는 엄청난 상업적 성공을 거두었고, 디즈니는 애니메이션의 대명사가 되었다. 그는 수많은 작품을 제작하며 새로운 도전을 멈추지 않았고, 세계의 애니메이션 발전에 큰 공헌을 했다. 어릴 적 디즈니 애니메이션을 안 보고 자란 이가 거의 없을 정도 아닌가! 그의 수많은 작품과 캐릭터는 현재도 꾸준히 사랑받고 있다.

1966년 폐암으로 사망한 월트 디즈니는 생전에 이렇게 말하곤 했다.

"모든 것은 한 마리의 쥐로부터 시작되었다는 것을 결코 잊어서는 안 된다."

미키마우스로 대표되는 디즈니 산업은 영화, 텔레비전, 케이블, 음악, 라디오, 출판, 놀이동산, 스포츠사업 등 다양한 분야에서 왕성한 활동을 펼쳐, 우리 삶과 떼기 어려운 존재가 되었다. 거리의 팬시점에 진열된 디즈니들, 즉 미키마우스, 피노키오, 백설공주, 신데렐라, 도날드덕

등 수많은 캐릭터가 우리 일상에 들어온 지 오래다.

디즈니의 대를 이어, 전 세계 아기들의 대통령 '뽀로로'가 탄생했다. 뽀로로는 한국이 문화 콘텐츠 강국으로 합류하는 데 큰 공을 세운 대표 캐릭터다! 어린이 누구나 이해할 수 있는 쉬운 내용과 귀여운 캐릭터 덕분에 세계적인 인기를 끌고 있는데, 울고 있는 아기들에게 뽀로로 영상을 틀어주면 바로 울음을 멈추는 영상이 화제가 되었을 정도다. 그 덕분에 뽀통령(뽀로로 대통령)이라는 별명도 붙었다. 뽀로로 이후 우리나라에는 핑크퐁이라는 또다른 뽀로로, 미키마우스 들이 꾸준히 등장하고 있다.

나날이 발전하는 문화 콘텐츠 산업적 측면에 비추어 우리의 꿈과 가치를 생각해보자. 월트 디즈니도 어릴 때는 너무나 가난했다. 그에게도 실패와 열정만 가득했던 시절이 있었다. 인생이 원하는 대로 되지 않았고 좌충우돌하였다. 그가 처음 애니메이션 회사를 설립했을 때도 그랬다. 그런 와중에 탄생한 미키마우스를 발판 삼아 디즈니는 차츰 성장해 나아갔다.

우리의 꿈과 가치, 그리고 변화도 이와 같지 않을까? 살다 보면 절망이 마음의 문을 두드릴 때가 숱하다. 그런데 많은 실패가 때로는 축복으로 이어지기도 한다. 계속되는 실패 속에서 절망하고 있다면, 실패를 100퍼센트 활용하여, 꿈의 길로 걸어가는 것은 어떨까?

> **행복은 당신이 어떻게 거기에 도달했는지 고려하지 않는다. 당신이 진정으로 행복해지고 싶고 주변의 아름다움에 눈을 뜨려면, 마음속의 진정한 가치와 믿음을 좇아야 한다. 당신은 진정으로 원하는 일을 추구해야 한다.**
>
> ■ 어니 J. 젤린스키

꿈을 꾸고 바른 가치를 추구하며 행동할 경우, 삶에 긍정적인 변화를 가져올 수 있다. 특히 자신이 추구한 가치가 개인 및 기업에 적용되어 하나의 이상적인 기업문화로 자리매김하면 그 변화가 미치는 영향력은 상상을 초월한다. 글로벌기업 구글은 창조적이고 혁신적인 아이디어를 핵심 가치로 삼고 인재를 선발하여 기업을 운영한다. 구글은 대표나 임원 중심의 수직적 소통방식을 멀리하고 일반 직원들을 중심으로 혁신을 주도하는 데 가치를 두기에, 창조성과 열정을 중점으로 인재를 선발한다. 혁신을 통해 얻은 성공에 대해서는 보상을 확실히 하는 기업이기에 직원들은 실패를 두려워하지 않고 자유롭게 자신의 생각을 표출한다. 다양한 아이디어가 끊임없이 도출되는 회의를 통해 그들은 과감하게 새로운 시도를 하고 혁신적인 결과물을 만들어낸다.

최근 미디어에서 멋진 모습으로 재조명되고 있는 기업이 있다. '갓뚜기(신을 뜻하는 영어 단어 'god'와 '오뚜기'의 합성어)라는 별명으로 유명한 식품기업 '오뚜기'이다. 우리나라에서는 대기업 또는 재벌기업에 대한 인식이 매우 부정적이다. 정치계와 검은 돈, 자금 횡령, 뇌물 등에 관한 사건이 끊이지 않기 때문이다.

그런데 오뚜기가 젊은층에서 각광을 받고 있다. 더불어 소비자의 마음을 움직인 결과로 기업 매출에도 큰 변화가 일어나고 있다. 왜일까? 오뚜기 진라면이 갑자기 국민 입맛을 사로잡기라도 했을까? 최고의 마케팅으로 기존 케찹, 마요네즈, 카레 등의 매출이 확 오른 것일까?

아니다. 오뚜기의 기업 이미지가 좋아진 것은 함태호 명예회장의 별세를 계기로 그동안 세상에 알려지지 않았던 좋은 일들이 드러났기 때문이다.

첫째, 상속세 납부이다. 함 명예회장이 세상에 남긴 오 뚜기 주식은 무려 46만 5543주(13.53%), 그 당시 주가로 3,500억 원 수준이었다. 상속세 및 증여세법에 따르면 30 억 원 이상의 상장 주식에는 50퍼센트의 증여세가 붙는 다. 즉, 3,500억 원을 상속받으려면 세금으로 약 1,750억 원을 내야 했다. 보통의 경우, 상속세를 내지 않으려 꾀를 쓰거나 경영권을 불법적으로 승계해 감면받으려 한다. 큰 규모의 자회사를 말도 안 되게 인수인계하여 기득권을 더 공고히 하는 재벌 총수도 있다. 그런데 함영준 회장은 상 속세를 5년에 걸쳐 분납하기로 했다. 사실 이는 지극히 당연한 것인데, 우리가 놀라워하고 있다. 그만큼 기업에 대한 우리의 불신이 고착화되어 있는지도 모르겠다.

둘째, 오뚜기의 모든 직원은 정규직이다. 비정규직이 없는 거의 유일한 국내 대기업이다.

셋째, 함 명예회장은 수십 년간 심장병 어린이를 구제 해왔다. 그가 4천여 명에 가까운 어린이들의 생명을 살린 사실이 알려지자 오뚜기는 라면뿐만 아니라 피자, 볶음밥 등의 매출이 급증했다.

오뚜기는 '사회공헌', '환경경영', '윤리경영'이라는 세

가지 모토를 내세우고 있는데, 정말 오뚜기 자체의 꿈과 가치가 그대로 기업문화와 경영에 녹아들어 우리 사회에 따스한 변화의 물결을 선도하고 있다.

> **세계는 결코 천국이었던 적이 없다. 옛날은 더 좋았고 지금은 지옥인 것이 아니다. 세계는 어느 때에도 불완전하고 진흙투성이여서 그것을 참고 견디며 가치 있는 것으로 만들기 위해서는 사랑과 신념을 필요로 했다.**
>
> ■ 헤르만 헤세

원 데이비스는 말했다.

"목표의 목적은 주의를 집중하는 것이다. 인간의 의식은 분명한 목적을 갖기 전에는 목표 달성을 향해 움직이지 않는다. 목표를 설정할 때 마술이 시작된다. 목표를 설정하는 바로 그 순간, 스위치가 켜지고 물이 흐르기 시작하고 성취하려는 힘이 현실화된다."

꿈의 가치는 변화를 만든다. 꿈이 없다면 내 삶은 정체되어 큰 변화도 기대할 수 없다. 꿈을 지닌 사람이 한 발짝 실행하면서 변화를 만들고 세상을 바꾸는 것이다. 아무것도 없었던 시대, 즉 무(無)에서 유(有)를 창조한 사람도 최초에는 꿈을 꾸었음이다. 이 꿈을 그냥 지나치지 않고 꾸준히 반복해서 결과를 얻은 것이다. 그렇게 꿈을 꾸며 조금씩 도전하고 시도하면서 한 걸음씩 나아갔기에 창조해낸 것이다. 우리 꿈의 한계를 스스로 정하지는 말자.

Part 5

꿈꾸는 사람이
행복하다

01

삶의 가치

인생은 될 대로 되는 것이 아니라 생각한 대로 된다. 어떤 마음을 먹느냐에 따라 모든 것이 결정된다. 사람은 생각하는 대로 산다. 생각하지 않고 살아가면 살아가는 대로 생각한다.

■ 조엘 오스틴

물건을 사고 그 값을 지불하기 위해 화폐를 사용한다. 어떤 물건이 지닌 가치를 알려주는 화폐의 인물들을 통해 그 나라의 도전 정신이나 영웅들, 존경하는 인물상을 알 수 있다. 우리나라에서 제일 많이 쓰는 화폐는 아마 만 원권일 것이다. 거기에는 백성을 위하고 올바른 정치를 펼친 세종대왕의 얼굴이 있다. 세종대왕의 업적 면면을 보자면 그의 꿈과 인생 가치가 나라와 백성을 향해 있었음이 드러난다.

"백성이 나를 비판한 내용이 옳다면, 이는 나의 잘못이니 처벌해서는 안 된다. 설령 오해와 그릇된 마음으로 나를 비판했다고 해도 그런 마음을 품도록 한 내게 책임이 있는 것이다."

세종대왕의 말씀에서도 알 수 있듯, 그는 나라와 백성을 위한 정치를 했다. 신분의 귀천을 따지지 않고 인재를 등용하였고, 나라와 백성을 위한 여러 발명품도 남겼다. 무엇보다 글을 모르는 백성을 위해 우리말 한글을 만들었으니, 칭송받지 않을 수 없다. 위인들이 자신들의 삶에서 어떤 가치를 중시했고, 어떤 행동을 통해 결과를 낳았는지를 잘 살펴보면서 나의 가치와 꿈을 정립하는 것도 좋다. 세종대왕의 경우도 한글을 만들고 정치 개혁을 행할 때 기존 세력의 엄청난 반대가 있었지만, 백성을 위한다는 가치가 워낙 굳건했기에 그 믿음과 행동이 흔들리지 않았다.

> 자기가 원하는 일을 위해 무엇을 포기해야 할지 아는 것은 그 일을 성취하기 위해 해야 할 일들 중 절반을 아는 것이다.
>
> ■ 시드니 하워드

최근 내가 꿈 강연에서 청중을 상대로 하는 활동 중 하나는 '삶의 가치 정립하기 연습'이다. 구글 등의 포털사이트에 '삶의 가치(Life Value)'라고 검색하면, 이에 대한 여러 표제어를 볼 수 있다. 예컨대 사랑, 명예, 행복, 안전, 성실, 성공, 정리, 배려, 나눔, 감사, 실천, 행동, 공존, 평화, 배움, 가족, 친구, 열정, 미소, 건강, 부, 지혜 등등이 삶의 핵심 가치로 가장 먼저 등장한다.

나는 이 리스트 중 반을 먼저 추리고, 또 그중 반을 추린다. 그렇게 개수를 줄여 12개를 만들고, 10개를 만들고, 5개의 표제어를 정한다. 내 핵심 가치는 내가 처해 있는 시기와 상황에 따라 답이 달라지기도 한다. 자신의 핵심 가치 5개 중에서 꼭 1개를 추려내는 연습을 하면 내가 진정 원하는 가치에 대한 답을 얻을 수 있다.

최근 내 삶의 가치 키워드는 '배려, 행복, 감사, 사랑, 열정'이다. 항상 주어진 삶에 행복하고 감사해하면서 타인에 대한 배려를 잃지 않고, 열정적으로 사랑하며 살아가자는 의미다. SNS나 일상에서 쓰는 다이어리에 이런 표제어들을 적어두고 들여다보면서 기도하듯 읊조린다.

"배려, 행복, 감사, 사랑, 열정이 가득한 삶을 살게 해주세요."

이렇게 나름의 가치를 정립해두면, 어떤 일에 부딪혔을 때 조금은 너그러운 마음을 가질 수 있다. 누군가가 나를 화나게 하거나 해를 끼쳐도 조금은 기분 좋게 상황을 받아들이거나 피해 갈 수 있다.

몇 년 전, 경제적으로 어렵고 힘들었을 때 '명예, 안정, 열정, 사랑, 지혜, 성취, 부유, 학습, 예술, 성실, 협력, 성장'이라는 12가지 가치를 내 우선 가치로 설정한 뒤 '명예, 안정, 열정, 사랑, 지혜' 5가지로 축소하여 삶을 살아가고자 했다. 보통 강의하거나 교육하는 이들 중에서는 삶의 가치를 꼭 하나만 꼽으라고 하는데, 나는 욕심이 많은 편이라서 그런지 항상 몇 개를 함께 선택하곤 한다.

지난달 나의 가치 키워드는 '겸손, 배려, 성실, 열정', 그 이전 달에는 '예의, 겸손, 현명, 지혜, 사랑' 등이었다. 이런 식으로 나는 매월, 혹은 내 인생의 터닝포인트나 특별한 일이 있을 때 나의 마음을 가다듬으며 내가 취해야 할 마음의 가치를 다잡는 편이다.

나의 꿈을 이끄는 가치는 내 사명서에 기초하고 있다. 어릴 때부터 썼던 프랭클린 다이어리에는 항상 사명서 한 장이 꽂혀 있다. 그 속에 있는 내 사명은 다음과 같다.

언제나 긍정적인 생각으로 삶에 임하며 도전하는 삶을 전제로 누구를 탓하기보다 나 자신을 반성하고 생각하며 실천하는 나 자신을 위한 주도적인 삶을 산다.

이 한 문장의 사명서를 작성하기 위해 나는 한국리더십센터에서 개인 유료 코칭을 10회 받았다. 타인이 보기에는 그저 여러 가지가 응축된 긴 문장이겠지만, 이 사명서 한 줄을 내 삶의 기준으로 삼은 지 10년이 넘었다. 나에게는 한 단어 한 단어와 한 구절 한 구절이 의미 있고, 내 인생과 연관된 것이기에 매일매일 읊조리고 다짐한다. 내게는 참으로 손색없는 문장이고 자랑스러운 한 줄이다.

내가 어떤 행동을 하는 데에서 내 행동적 결론이 주도적인지 아닌지에 대해서 고민하는 것도, 누구를 비난하기보다는 조금 더 긍정적인 방법을 찾고 화를 잘 내지 않는 성격도 사명서에 기반한 것이다. 더불어 그냥 멈추어 있는 삶이 아니라 도전하는 삶을 전제로 살아가려는 의지를 불태우고 있다.

이 한 줄에 포함되어 있지 않은 나의 비전 하나가 있는데, 그것은 다른 버전의 사명서에 있는 중요 부분이다. 그것은 '사회적 환원'에 대한 내용이다. 나는 내가 받은 것을 누군가에게 나눠주고자 하는 마음이 있는데, 이것을 '사회에 대한 선한 영향력'이라고들 칭한다.

나는 내가 할 수 있는 범위 안에서 '교육적 나눔'을 하고 싶다. 교육적 나눔이라고 하면 흔히 야학이나 무료 교육봉사를 떠올리겠지만, 내가 알고 있는 것을 다른 사람과 공유하는 지식적 깨우침, 꿈이 없는 이들이 꿈을 가질 수 있게 하는 꿈 길라잡이 등도 충분히 의미 있는 활동이다. 지금 경제적으로는 조금 힘들지라도 함께하는 이들의 미소와 감사의 메시지 등을 원동력 삼아 한 발짝씩 나아가고 있다.

2018년 상반기에는 함께하는교육연구소의 대표이자 우리나라 교육자의 한 사람으로서, 국가 지원이 없는 도

..

서 산간 지역 학교에 책을 조금 기부하여 자라나는 청소년들에게 다소나마 보탬이 되고자 계획하고 있는데, 이 또한 내가 생각하는 교육적 나눔이자 사회적 환원의 한 활동이다.

꿈을 구체적으로 세우고 실현하고자 하는 이에게는 삶의 가치를 정하는 것이 아주 중요하다. 내가 어떤 가치를 중시하는지를 제대로 파악해야 내가 원하는 삶과 꿈의 방향과 방법, 그리고 꿈의 수단까지 알게 되기 때문이다.

내 삶의 가치는 내가 만들어가는 것이다. 누군가가 내 삶에 의미를 부여하거나 만들어줄 수 없다. 내가 꿈꾸고 정한 나의 가치대로, 그 방향대로 실현된다. 내가 마음먹고 실행하는 만큼 내가 진보한다. 삶은 오로지 나의 주체적인 노력으로 스스로 만들어가는 것임을 잊지 말자.

실천하기 Tip

내 인생 가치 10개를 적고, 그중 하나를 고르자. 그것을 고
른 이유에 대해 생각해보자.

02

빨리 시작할수록 유리하다

당신 앞에는 어떠한 장애물도 없다. 망설이는 태도가 가장 큰 장애물이다. 결심을 가지면 마침내 길이 열리고 현실은 새로운 국면으로 접어든다.

■ 버트런드 러셀

"선생님, 영어교육은 일찍 시작할수록 좋을까요?"

영어교육업에 종사하다 보니 많이 듣는 질문 중 하나다. 학계에서는 영어 조기교육의 중요성에 가치를 두고 찬성하는 이도 있지만, 그 위험성에 무게를 두어 반대하는 이도 있다. 이처럼 선행 학습은 늘 뜨거운 감자이다.

학창 시절, 수학 교과에서는 《수학의 정석》이라는 문제집을 언제 마스터하느냐가 지적 수준과 선행 학습 정도를 판가름하는 척도였다. 그런데 정작 신경 써야 하는 우리 삶의 가치와 꿈을 찾는 일은 등한시하는 사회 풍조가 만연해 있다.

가수의 꿈을 이뤄준다는 오디션 프로그램은 지금도 그인기가 계속되고 있다. 〈슈퍼스타K〉, 〈K팝스타〉, 〈프로듀스 101〉, 〈쇼미더머니〉까지 많은 방송사에서 인기 가수를 만들어내기 위한 리얼 경쟁 프로그램을 제작했다. 실제로 대단한 실력을 갖춘 가수들이 등장했고, 화제의 중심에 섰다.

방송을 보다 보면 이 작은 땅덩어리에 끼 많은 사람은 어찌 그리 많은지, 가수의 꿈을 키우는 이는 또 어쩜 그리많은지 놀라울 정도다. 수많은 오디션 참가자 중 혹시 가수라는 꿈 말고 다른 꿈을 꾼 사람은 있는지, 그저 방송과시대에서 원하는 인재상에 너무 목매는 건 아닌지 의구심이 들기도 한다.

오디션 참가자 중에는 정말 실력 있고 가수라는 꿈이 간절해 보이는 사람들이 있는가 하면, 대한민국에 가수열풍이 부니 그저 참여해보려는 사람들도 있다. 물론 방송에 출연하고 싶고, 화제성을 얻어 다른 것에 도전할 기회를 얻는 것도 하나의 전략일 수 있다. 하지만 꿈에 대한 정확한 방향성이 없어 보이는 이들을 보면 너무나 안타깝다.

　지금은 세계적인 아이돌그룹 중 하나인 빅뱅도 YG에서 오디션 프로그램으로 제작하여 최종 멤버를 뽑고, 데뷔하는 과정을 방송으로 내보냈다. 그때가 2006년인데, 대학생이었던 나에게 그 프로그램은 하나의 충격이었다. 꿈에 대해 절박하게 노력한다고 생각한 나였다. 그런데 나이도 어린 지드래곤, 태양 등을 비롯한 빅뱅 후보자들이 그토록 열심히 연습하고 간절히 도전하는 모습을 보노라니 내 노력에 더 박차를 가하고 싶었다. 그리고 정말 어릴 때부터 어쩌면 데뷔를 못 할지도 모르는데도 웃으면서 묵묵히 실력을 쌓아가며 분투하는 모습이 정말 멋지고 인상적이었다. 그들은 자신의 꿈과 방향을 빨리 정립하고 도전하는 아름다운 청년들이었다.

스스로 세운 인생의 목표에 헌신하는 사람은 삶이 즐거워 어쩔 줄 모른다. 다시 태어나도 그 일을 하겠다고 다짐한다. 수입이 전혀 없어도 기꺼이 하겠다고 말한다. 그리고 그 일을 초등학교 때부터 하지 않은 것을 후회한다.

■ 혼다 겐

고등학교 3년 내내 논술토론 활동을 같이한 친구가 있다. 그녀는 1학년 때 부반장이었는데 공부도 엄청 잘했다. 그녀와 짝꿍이 되면서 나는 두 가지 충격을 받았다. 하나는 수업 시간에 그렇게 자면서도 공부를 잘했던 것, 또 하나는 수학 문제집을 계획에 따라 정말 꾸준히 푸는 것이었다. 더 욕심부리지 않고 큰 스트레스 없이 하루 학습량을 소화해가던 모습은 지금도 잊을 수 없다. 그녀는 수업 시간에 자다가도 정작 중요한 순간에는 정신을 차리고 집중했다.

그녀의 아버지는 대학교수였고 오빠는 서울대학교 법대에 재학 중이었다. 그녀 역시 성적이 좋았는데 이른바 SKY에 갈 실력이었다. 원래는 의대가 목표였는데 고3 때 돌연 미술로 분야를 전향하였다. 그녀의 결단에 나는 꽤 놀랐고 안타까웠다. 결국 그녀는 국민대학교 미술학과에 입학했고, 졸업 후 시각디자인 회사에서 몇 년 일했다.

그러던 어느 날 그녀는 의학전문대학원에 가겠다며 모든 걸 접고 집으로 내려갔다. 20대 후반에 하던 일을 그만두고 새로운 도전을 하려는 것에 일말의 우려는 있었지만 그녀는 2년의 수험생활을 마치고 의전원 합격이라는 소식을 전해왔다. 그녀는 현재 인턴생활을 마치고 대학병원에서 근무하고 있다.

그녀가 미술에서 의학 분야로 전향했을 때 나는 그림 그리는 의사 선생님이 되어도 멋지겠다고 말해주었다. 나중에 개원하면, 직접 그린 그림으로 인테리어하는 것도 좋겠다고 말이다. 그녀는 분명, 다른 의사들과는 약간 차별화되는 따스한 감성과 독특한 시각으로 환자를 대할 것이다.

15년 넘게 그녀를 지켜본 나는, 만약 그녀가 미대를 거치지 않고 바로 의대를 가서 의사생활을 했다면, 그녀의 꿈과 인생이 어떠했을지 상상해보기도 한다. 10년 정도 약간 돌아서 왔지만 자신의 꿈을 향해 도전하고 노력하는 모습이 남은 전체 인생에 어쩌면 더 좋을지 모르겠다는 생각이다. 지금은 전문성도 중요하지만 복합적이고 전체적인 사고를 가진 창의적 인재를 요하는 시대이기에, 미술을 전공한 의사 선생님으로서 그녀만이 할 수 있는 부분이 분명 있을 거라고 생각한다.

비슷한 사례가 또 있다. 고등학교 3학년 때, 아버지 지인의 아들이 내 수학 과외 선생님이 되었다. 그 당시 그는 고려대학교 컴퓨터공학과에 재학 중이었다. 고려대학교를 갔지만 전공이 적성에 맞지 않는다고 말하던 그는 훗날 학교를 자퇴하고 한국예술종합학교의 무대미술과에 입학하여 연출을 전공했다. 고등학교 때 함께 토론 활동을 하던 친한 친구가 같은 학교 극작과에 다니고 있었으니 내 친구와 내 과외 선생님이 선후배이자 친구로 지내게 된 것이다. 세상 인연은 어떻게 될지 참 알 수 없다. 나이 어린 내 친구가 학교에서는 내 과외 선생님의 선배로 활동하는 것을 보면서 꿈꾸는 데에서는 나이도 배경도 중요하지 않음을 깨달았다.

그렇다. 꿈을 정하고 노력하는 데 나이는 중요하지 않다. 동시에 꿈이 있으니 나이가 중요하지 않다고 하지만, 그 방향이 계속 바뀌고 평생 노력만 한다면 꿈에 도달하기란 힘들 수밖에 없다. 꿈을 이루는 데 방향과 방법이 중요한 만큼 그 시작점도 중요하다. 삶의 가치를 정하고, 꿈을 설정했다면 되도록 빨리 시작하라. 혹시 삶의 가치와 꿈을 정하지 못했다면, 조금이라도 그 방향 설정을 서둘러라. 마음먹은 지금 이 순간 시작해야 한다.

혹시 나이가 좀 있어서 어떤 것부터 시작해야 할지 모르겠는가? 그렇다면 지금 현재 상태에서 최대한 자신을 객관화하는 연습을 해보자. 이제껏 해왔던 것들과 결과물들을 돌아보며 좋아하는 것, 싫어하는 것, 원하는 것, 원치 않는 것 등을 파악하며 나 자신을 들여다보자. 이것은 나 자신을 알아가는 연습이 된다. 나 자신을 객관적으로 바라보는 연습을 주기적으로 하면, 스스로에게 동기부여가 된다. 또한 어떤 것이 부족하고 어떤 것을 더 채워야 할지에 대한 주체적 판단이 가능하다. 이는 결국 꿈을 꾸고 현실화하는 원동력이 된다.

실천하기 Tip

자신을 객관화하는 도구를 찾아 적어보고, 주변 지인들과 공유하며 이야기해보자. 학생이라면 자기소개서를, 성인 이라면 이력서 및 경력기술서 등을 업데이트하면서 자신 을 객관화해보자. 또한 개인과 조직의 비즈니스모델 캔버 스를 작성하거나 마인드맵을 그려 자신을 성찰해보자.

03

자기 주도적 삶을 살아라

문제를 보는 사람은 다수이고, 목표를 보는 사람은 소수이다. 목표를 보는 사람들의 성공을 기록한 것이 역사인데, 그들에게 주어지는 유일한 보상은 사람들에게 서서히 잊히는 것이다.

■ 알프레드 몬타퍼트

중국에는 '세계에서 제일 섹시한 할아버지'로 불리는 이가 있다. 바로 왕더순 할아버지다. 80세인 그는 패션계에서 모델로 활동하고 있다. 어떻게 이런 일이 가능했을까? 사실 그는 연극배우 출신으로, 50세 이후부터 근육질 몸매를 만들었다. 매일 세 시간씩 운동하는데, 0.5마일(약 0.8킬로미터)씩 수영도 한다고 한다. 또한 아침마다 독서를 통해 평정심을 유지하려 애쓴다고 한다. 이런 노력 덕분이었을까? 79세 때 패션쇼에서 모델로 데뷔한 그는 현재 정장 모델, 스포츠 모델로 활약 중이다. 그의 몸은 웬만한 20대 부럽지 않은 찰진 근육으로 이루어져 있다. 정말 멋진 제2의 인생을 사는 그는 지금도 새로운 것을 추구하면서 새 목표를 세운다고 한다.

국내외의 흔치 않은 이야기를 재연 형식으로 풀어낸 일요일 아침 방송 MBC〈신비한 TV 서프라이즈〉에는 나의 지인이 출연 중이다. 그는 꿈에 대한 열정이 정말 대단한 친구다. 그는 미국 내에서도 굵직한 사건을 맡아 신문 1면에 보도될 만큼 능력 있는 변호사였다. 그런 그가 어느 날 자신의 오랜 꿈인 배우가 되고자 미국에서의 탄탄한 인생길을 마다하고 한국으로 건너왔다. 그는 국내 드라마의 외국인 전문 배우로서 입지를 넓히며 배우의 길을 다져가는 중이다.

2016년 한여름의 어느 날, 그가 나에게 부탁을 했다. 영화 오디션을 위해 연기 동영상을 하나 만들어야 하는데, 자신의 연기 파트너가 되어달라고 말이다. 그는 나에게 영어 대본을 보내주고는 목소리 연기 파트너로서 촬영해줄 것을 부탁했다. 90분 정도 함께 연습하고 촬영을 하면서 나는 그의 연기와 열정에 탄복했다. 낯선 땅에서 배우로 도전하는 그가 참 멋져 보였다. 나는 영어 연기 영상 외에 영어와 한국말을 섞은 자기소개 영상 제작도 도와주었다. 현재 그는 목소리가 좋아서 성우로도 활동하고 있다. 물론 미국에서의 전공과 본업을 살려 한 회사의 고문 변호사로도 겸업하고 있다.

하루는 내가 그에게 물었다.

"한국에서 배우로 활동하려는 이유가 있어? 네 최종 꿈이 뭐야?"

"세계적으로 유명한 배우가 되는 게 꿈이야."

"그럼 미국에서 데뷔를 하지, 왜 한국에서 데뷔했어?"

"미국에는 나랑 비슷한 사람이 너무 많아. 그래서 주목

받기 힘들어. 그리고 나는 연기 경력이 짧고 나이도 많아. 상대적으로 내가 조금이라도 더 주목받고 대우받을 수 있는 곳에서 연기를 시작할 필요가 있었어. 그렇게 자리를 잡은 후 할리우드에 진출하는 게 내 최종 꿈이야."

이렇듯 세상에는 나이에 상관없이 꿈을 꾸고 그 실현을 위해 열정적으로 도전하는 이들이 있다. 그들은 날마다 자기 뜻대로 인생을 산다. 당당히 꿈꾸고 거침없이 행동한다. 항상 자기 주도적인 삶을 추구하기에 미련이 남을 일은 하지 않는다. 그러니 수동적으로 살아가는 대다수 사람보다 훨씬 더 행복한 인생을 영위한다.

자기 의무를 수행하는 가운데 기쁨을 발견하는 사람, 두려움 때문에 복종하는 것이 아니라 자기 판단에 따라 복종하고 오직 자기 자신만을 의지해서 인생을 살아가는 사람, 이런 사람들만이 자유롭게 살 수 있다.

■ 키케로

모든 인생에는 굴곡이 있게 마련이다. 그만큼 인생은 녹록지 않다. 그런 인생인데 꿈도 비전도 없이 주도적으로 살지 않는다면? 어려운 일에 부딪히면 쉽게 주저앉고 엎어질 것이다. 남들에게는 별일 아닌 게 너무 어렵고 힘든 일이 될 것이다. 주도적으로 살아가는 연습을 한 적이 없기에 스스로 어려움을 극복할 방법을 모를 테니까.

실제로 이런 양상을 보이는 몇몇 친구가 내 주변에 있다. 선생님과 부모님의 말씀을 잘 따르던 전형적인 모범생이었는데, 어느 순간 사회생활에 어려움을 겪는 문제적 성인이 되어 있었다. 주어진 프로젝트를 어떻게 풀어 나아가야 할지 모르겠고, 직장생활을 잘하고 싶은데 그 방법을 모르겠고, 그냥 인생 자체가 어렵다고 하소연한다.

사실, 학교와 가정에서 요구하는 지침을 그대로 따르면 별문제가 없다. 예습과 복습을 충실히 하고, 친구들과 싸우지 않으며, 부모님 말씀을 잘 듣는 것만으로도 충분히 문제없는 일상을 영위할 수 있다. 하지만 내가 돈을 받으면서 사회생활을 하는 시점이 되면 많은 것이 달라진다. 돈 내고 서비스를 받는 내가 아니라 돈 받고 서비스를 하는 내가 될 때, 그 순간부터 자기 주도성 여부에 따라 천국과 지옥의 길이 갈린다. 정답을 알려주는 사람 없이 스스로 해결해야 하는 그야말로 냉혹한 사회이니까 말이다.

자기 주도적으로 사는 사람들은 험난한 길에서도 추진력을 잃지 않는다. 혹여 삶에서 치명적인 실수를 하거나 큰 장애물에 걸려 넘어지더라도 그들은 무너지지 않는다. 자력(自力)이 있기 때문이다.

젊은이를 타락으로 이끄는 확실한 방법은 다르게 생각하는 사람 대신 같은 사고방식을 가진 이를 존경하도록 지시하는 것이다.

■ 프리드리히 니체

가방과 옷에만 명품이 있는 것이 아니다. 우리 인생에도 명품이 있다. 주도적으로 살 때 명품 인생을 영위할 수 있다. 인생의 주인공으로서 주도적으로 살아라. 타인의 시선이나 기대에 부응하기 위해서 사는 삶과 성공은 후에 빈껍데기 인생이 될 수 있다. 타인과 동행하는 삶은 괜찮지만, 단지 누군가의 기대나 사회의 잣대에 기대고 맞추어서만 살아가는 인생이라면 무척 곤란하다.

성공한 많은 이가 자기 주도적인 삶을 살았다. 그만큼 주도성은 인생에서 매우 중요하다. 자기 주도적으로 살아야 하는 이유는 우리가 삶의 주체이기 때문이다.
누구도 우리 삶을 대신 살아주지 않는다. 내 인생의
주인공은 바로 나이다!

실천하기 Tip

현재 상태에서 자기 주도적으로 변화하려는 연습을 시작
하자. 자신의 다양한 역할에 이름을 붙이고 대상자와 설명
문을 적어보자.

ex) 역할: 학생 / 대상: 나, 가족, 친구 / 설명문: 학생으로서
전공 공부를 열심히 하고, 꿈을 찾기 위해 다양한 경험을
해본다.

04

지금은 꿈꾸는 시대

꼭 필요한 사람이 되는 유일한 방법은 남들과 달라지는 것이다. 대체 불가능한 사람만이 살아남을 수 있다.

■ 세스 고딘

겨울연가, 대장금, 소녀시대, 동방신기, 이민호, 박신혜, 지드래곤, 보아, 비, 방탄소년단……. 이들이 보유한 키워드의 공통 속성은 한류 콘텐츠의 핵심이라는 점이다.

한류(韓流, Korean Wave)는 1990년대 말 무렵부터 중국, 일본, 동남아 등지에서 불기 시작한 우리나라 문화에 대한 선호와 인기를 말한다. 엄청난 한류 열풍으로 우리나라의 드라마, 음식, 노래, 옷, 화장품 등 다양한 문화 상품이 전 세계에 소개되었다. 지금은 아시아를 넘어서 미국, 유럽, 남미에까지 우리 문화가 알려지고 있다. 심지어 아프리카 가나에서도 우리 드라마가 무척 인기라고 한다. 세계 각지의 대도시에서는 특정 시즌이 되면 내가 좋아하는 뮤지션을 보며 콘서트에 참여할 수 있다. 세계의 소녀 팬들은 어찌나 소식통이 빠른지, 우리나라 가수들이 도착할 시간이면 공항에 모여들어 인산인해를 이루니, 엄청난 수의 경호원이 배치될 정도다.

SM 엔터테인먼트 소속의 8인조 걸그룹 소녀시대는, 세상을 소녀들이 평정하겠다는 의미로 이름을 지었다고 한다. 소녀시대는 1세대 걸그룹 S.E.S와 핑클의 대를 잇는 2세대 걸그룹으로, 많은 소녀와 여성의 워너비가 되었다. 태연처럼 귀엽고 노래를 잘하는 사람이 되고 싶기도, 윤아처럼 활짝 웃는 사람이 되고 싶기도 할 것이다.

한류 시대의 주역 그룹인 소녀시대가 자주 외치는 말이 있다.

"지금은 소녀시대입니다!"

나는 이를 좀 변형해서 세상에 외치고 싶다.

"지금은 꿈꾸는 시대입니다!"

내가 한류 현상에 주목하는 이유는 우리가 꿈을 꾸고

실현하기 정말 좋은 환경 속에 있다는 예시를 여기서 찾았기 때문이다.

54부작 드라마 〈대장금〉은 〈겨울연가〉를 넘어 한국 드라마 사상 세계적으로 가장 히트한 작품이다. 〈겨울연가〉가 '사랑'이라는 세계인의 보편적 코드로 히트를 쳤다면, 〈대장금〉은 그야말로 한국적인 색채로 열풍을 불러일으켰다. 알다시피 〈대장금〉은 조선 임금 중종의 신임을 받은 의녀 장금의 삶을 재구성한 역사 드라마다. 드라마 속 우리의 전통 음식, 건축, 복식 등이 외국인들에게는 신선하게 다가갔나 보다. 그 덕분에 우리나라를 찾는 많은 외국인에게는 경복궁도, 한복도, 불고기도 낯선 존재가 아니라 친숙한 문화로 자리하게 되었다.

소재도 내용도 지극히 한국적인 〈대장금〉이 다른 나라에서 인기를 끌었다는 것은 세계인들이 다양하고 특별한 콘텐츠에 관심을 가지기 시작했다는 의미다. 또한 자국의 획일화된 문화나 사고가 아니라, 독특하고 다양한 생각·문화·사람에 대한 관용성이 폭넓어진 시대에 우리가 살고 있다는 뜻이기도 하다.

내가 어렸을 때만 해도, 우리의 학교교육은 학생이라

면 '똑단발'의 머리에 공부 잘하는 착한 모범생을 키워내내려는 형태였다. 하지만 최근의 교육 트렌드는 제4차 교육산업혁명의 물결에 잘 적응하고 앞서나가는 데 있다. 창의적이고 다양성을 갖춘 인재를 원하는 시대에 우리가 살고 있는 것이다.

새로운 발상에 놀라지 마라. 다수가 받아들이지 않는다고 해서 더 이상 진실이 아니지 않다는 것을 잘 알지 않는가.

■ 바뤼흐 스피노자

일곱 살 무렵 나에게 인상적으로 다가온 보이그룹이 있었으니, 바로 '서태지와 아이들'이다. 보컬·작사·작곡의 서태지와 코러스 및 안무를 맡은 이주노, 양현석이 모인 이 그룹은 1992년 발표한 앨범을 시작으로 우리 문화계 전체에 한 획을 그었다. 랩, 댄스, 헤비메탈 등 서태지와 아이들이 1집에서 선보인 음악적 시도들은 한국 가요계에 큰 영향을 미쳤다. 어쩌면 우리의 최근 음악은 서태지와 아이들의 등장 전후로 나눌 정도로 그들은 가히 획기적이었다. 많은 이가 그들이 보여주는 새로운 음악의 리듬과 현란한 댄스에 열광했다. 무엇보다 사회적 문제를 정면으로 들이받으면서 진지한 이슈를 만들어낸 '발해를 꿈꾸며', '컴백홈', '필승' 등에 깊이 공감했다.

그들은 나에게 정말 멋있고 대단한 존재였으며 꿈을 심어준 존재였다.

'나도 서태지와 아이들처럼 특별한 존재가 될 것이다!'

나는 지금도 그들의 노랫말에서 '세상 속에서의 나에 대한 외침, 꿈에 대한 외침'을 듣는다.

됐어(됐어) 이젠 됐어(됐어)

이제 그런 가르침은 됐어

그걸로 족해(족해) 이젠 족해(족해)

내 사투리로 내가 늘어놓을래

매일 아침 일곱 시 삼십 분까지

우릴 조그만 교실로 몰아넣고

전국 구백만의 아이들의 머릿속에

모두 똑같은 것만 집어넣고 있어

막힌 꽉 막힌 사방이 막힌

널 그리곤 덥석 모두를 먹어 삼킨

이 시커먼 교실에서만

내 젊음을 보내기는 너무 아까워

_서태지와 아이들, '교실 이데아' 중에서

꿈꾸는 시대 속에서 한번 멋지게 우리의 꿈을 미친 듯이 펼쳐보자! 꿈을 꾸고 실현하기에 멋진 오늘날, 우리 각자의 꿈에 대한 다양성도 존중된다. 오늘날은 특별하고 미친 도전에 대해서도 관용적인 시대이다. 창의적이고 독특한 꿈을 펼칠 다양한 기회도 있고 상황도 호의적이다. 지금 거기 안주하지 말고 과감히 한 발 떼어보자.

존경하는 사람, 닮고 싶은 사람 적어보기를 한 적 있는가? 나는 버락 오바마 전 미국 대통령, 서태지·보아·비 같은 가수, 한비야 같은 작가이자 행동가, 리처드 용재 오닐 같은 따스한 감성의 비올라리스트 등 다양한 분야의 사람들을 존경하고 마음에 품었다. 내가 좋아하는 사람들의 공통점은 꿈에 대한 어마어마한 열정을 가졌다는 것, 그 열정을 품고 남들보다 수천 배 더 노력하여 그 분야의 최고가 되었다는 것이다. 그들은 타인이나 사회를 의식하지 않고 꿈을 이루기 위해 자신의 길을 묵묵히 걸었다. 나는 그들의 꿈에 대한 열정, 그들이 생각해낸 콘텐츠와 실행의 결과인 브랜드, 그리고 한결같은 성실함을 닮고 싶다. 멋진 꿈의 예시인 그들을 보면서 나는 오늘도 내 꿈을 키우며 노력하고 있다. 지금은 꿈꾸는 시대다!

실천하기 Tip

나만의 롤모델을 적어보자. 그들의 공통점과 특별한 점을
생각해보자. 롤모델이 꼭 유명인사일 필요는 없다.

05

꿈을 이룰 방법을 스터디하라

목표에 정성을 쏟으면 목표 또한 그에게 정성을 쏟는다. 계획에 정성을 쏟으면 계획 역시 그에게 정성을 쏟는다. 무엇이든 좋은 것을 만들어내면 결국 그것이 그를 만들어낸다.

■ 짐론

대학생 때, 경남 하동의 한 초등학교에서 1년 넘게 영어 교사와 방과 후 교사로 교육봉사를 했다.

영어교육과 국제화의 중요성을 강조하던 시절, 정부에서 'TALK'라는 프로그램을 진행했다. 이 프로그램은 도시와 농촌 간 교육 격차 완화를 돕고 영어권 젊은이의 한국봉사 활동을 통한 글로벌 인사 양성 작업을 돕기 위한 목적으로 시작되었다. 현재도 교육부 산하의 국립국제교육원에서 운영하는데, 나는 서류와 사전 심사를 통해 1기

장학생으로 선발되어 정부 초청 영어봉사 장학생으로서 농촌 초등학교 정규 및 방과 후 영어교육 수업 지원을 하였다.

매주 하동까지 기차를 타고 갔다. 내가 배정받은 곳은 횡천초등학교였는데 1학년부터 6학년까지 학년별로 한 반씩만 있었다. 1학년과 2학년은 6~8명 정도, 3학년에서 6학년까지는 학생 수가 조금 더 많았다. 아이들과 함께하는 1년 동안 추억도 많이 쌓았고 그들에게 내가 배운 것도 많았다.

그 당시 나의 꿈이었던 '영어 선생님' 생활을 직접 경험할 정말 좋은 기회였다. 교생 실습 때의 실험적 수업과는 차원이 다르다고나 할까. 내가 스스로 준비한 자료들로 교실에서 학생들과 수업을 하니 책임감도 제법 묵직했다. 내가 아무리 많은 것을 준비해도 아이들이 따라주지 않으면 소용 없기에 연령과 학년에 맞는 학습 동기를 심어주어야 했다. 그리고 학업 격차가 심한데 한 반에서 어떻게 함께 수업할지, 수준별 학습 격차를 어떻게 극복하며 끌고 갈지 고민하면서 개인 학습 코칭도 염두에 두었다. 학생에 대한 인지적 고민도 하고 학습 환경에 대한 고민도 하면서, 그동안 배웠던 영어교수 학습법과 여러 변인을 실제로 행하고 경험했다. 이를 통해 교육 현장의 어려움을 체감할 수 있었다. 학생들도 학교 내 선생님이 아닌 외부의 젊은 영어 선생님과 함께 수업하는 게 색다른 경험이었을 것임은 물론이다.

그때의 짧은 교사생활 체험 기간 동안 '내가 선생님이라는 직업을 평생 할 수 있을까?'라는 고민도 해보았다. 아무리 교실에서 혁명을 이루고 싶어도, 내가 할 수 있는 부분이 한정적이기에 그저 제한된 영어 지식만 가르쳐주어야 하는 것이 답답하기도 했다. 물론 다양한 교수 학습 자료를 동원할 수는 있지만, 제한적 상황에서 벗어나기란 힘들었다. 이후 서울의 한 중학교에서 기간제 교사로 영어 수업을 하면서도 똑같은 기분을 느꼈다. 수직적 집단인 선생님들의 학교생활 질서도 답답했다. 이러한 경험은 직업적 꿈인 영어 교사에 대해 다시 생각해보는 계기가 되었다. 조금 더 나의 교육적 영향력을 넓힐 수 있는 직업을 고민하다가 결국 영어 콘텐츠 연구원으로 꿈의 방향을 수정하기에 이르렀다.

늘 배우는 자세를 잃지 마라. 지식이란 절대로 고정되거나 완결된 것이 아니다. 배우기를 끝내면 리더로서의 생명도 끝난다. 리더는 결코 자신의 능력이나 지식수준에 만족해서는 안 된다.

■ 존 우든

몇 년 전, 내가 다니던 회사에서 강원도 교육청에서 주관한 '잉글리시 페스티벌(English Festival)'을 대행했다. 나도 메인 프로젝트 매니저로서 참여하여 행사를 치렀다. 잉글리시 페스티벌은 당일 행사였지만, 강원도 내 학생들 수백 명이 참여하는 행사였기에 페스티벌 공간도 엄청 넓었다. 다양한 장소에서 동시다발적으로 진행되는 만큼 행사 기획, 강연, 원어민과 아르바이트생 섭외, 장소 인테리어, 소품 구입, 게임구성, 이벤트 기획, 학생들 기념 선물 구매 등 정말 여러 가지로 신경을 많이 써야 하는 프로젝트였다.

몇 개월간 열심히 준비하고 노력한 끝에 무사히 행사를 마쳤는데, 그 페스티벌에 참여하고 행복해했던 아이들이 떠오른다. 정말 즐기면서 조금이라도 더 많은 이벤트에 참여하려고 땀 흘리며 뛰어다닌 아이들, 원어민 선생님들과 어울려 하루 종일 맛난 음식을 먹고 이벤트 상품을 받으려 노력하는 아이들, 디즈니랜드처럼 화려하지는 않지만, 교실과 방마다 꾸며놓은 아기자기한 인테리어에 열광하고 즐거워하며 사진을 찍던 아이들이었다. 서울이나 경기권 근교의 학생들은 여러 교육적 경험을 접할 기회가 많지만, 강원도의 친구들은 상대적으로 그 기회가 적기에 더 순수하고 열정적으로 참여하는 것 같았다.

교육적 차원에서, 우리는 최대한 많은 경험을 쌓고 넓은 세상을 보는 것이 중요하다고 이야기한다. 강원도 학생들이 잉글리시 페스티벌에 신이 난 것은 이전에 자신들이 경험해보지 못한 활동이었기 때문이다. 자주 접할 수 있는 기회가 아니었기 때문이다. 한 친구는 팅커벨 분장을 한 나와 슈퍼맨 분장을 한 원어민 선생님과 나란히 서서 사진을 찍고, 내 휴대전화 번호를 물어 전송해주면서 소중한 경험을 하게 해주어 감사하다는 문자메시지를 곁들였다. 누군가한테 새로운 경험을 하게 해주는 것은 정말 기쁜 일이었다.

요즘 대형 서점에 가면 엄청난 종류와 방대한 분량에 눈이 절로 휘둥그레진다. '세상에 존재하는 책들을 누가

다 읽을 수 있을까?' 싶다. 정말 발췌, 요약해둔 부분만 대충 읽어도 죽을 때까지 다 읽지 못할 만큼의 콘텐츠가 끊임없이 쏟아져 나온다.

세상에 똑똑하고 유능한 이가 많다 보니, 그들의 지식과 노하우를 응집한 산물들이 좋은 콘텐츠로 잘 가공되고 있다. 이러한 책들에는 다양한 분야의 지식, 삶의 지혜가 담겨 있다. 즉, 책은 우리가 가장 쉽게 접근할 수 있는 꿈의 예제와 방법의 보고다. 나보다 앞선 시대에서 다양한 역경을 겪고 성공한 위인, 요즘 시대의 성공한 인물이나 리더들, 혹은 우리 주변 사람들의 성공담과 실패담이 고스란히 담겨 우리가 가야 할 길, 취하지 않아야 할 행동 강령을 제시한다.

성공한 리더들 중 책을 가까이하지 않는 사람은 별로 없지 싶다. 꼭 책이 아니라도 우리 주변에는 이처럼 다양한 삶의 경험과 가치를 체험할 수 있는 수단이 많이 존재한다. 꿈을 꾸고 실현하기 위해서는 그 방법을 공부하고 경험하는 것이 좋다.

젊었을 때 익힌 좋은 습관은 다가올 미래의 모든 것을 아름답게 채색한다.

■ 아리스토텔레스

꿈을 체험하는 것에 시간과 열정을 아끼지 마라. 우리 주변을 둘러보면 영어마을, 잡월드처럼 직업이나 공간을 가상 체험할 곳도 마련되어 있다. 자신이 알고 싶은 직업군의 종사자들을 직접 인터뷰하는 것도 가능하다. 되고 싶고 배우고 싶은 것에 대하여 그 대상을 직접 찾아가서 물어보고, 현장의 실제 상황을 몸소 접하면 꿈이 더 구체화된다. 나처럼 꿈의 방향이 조금 달라질 수도 있다.

거듭 강조한다. 최대한 많이 부딪치고 경험하라. 실제 경험에서 얻는 교훈이 인생에 미치는 영향은 상당히 크다.

만약 책을 읽는 것이 좀 지루하고 따분하다면? 실제로 경험하는 데 아직 용기가 부족하다면? 그렇다면 요즘 발달된 미디어를 통해 하는 영상 학습을 추천한다. 네이버나 유튜브 등의 매체에서는 정말 방대하고 다양하고 질 좋은 콘텐츠를 많이 볼 수 있다.

등·하굣길이나 출퇴근길에 〈세바시(세상을 바꾸는 15분의 시간)〉 같은 영상을 보면 삶의 동기가 강해지고, 테드 같은 영상을 보면 세계적 연사들의 가치관 등을 접할 수 있을뿐더러 영어 공부를 할 수도 있다. 더불어 인터넷의 뉴스 기사나 사전, 블로그 등을 통하여 다양한 사람의 행동 패턴을 보면서, 또 다른 꿈의 예시로 학습을 할 수 있다.

꿈은 진화하게 마련이다. 그러니 다양한 방법으로 꿈을 경험하고 학습하자. 그리고 나를 알아가자. 이를 통해 확실한 꿈을 꾸고 그것을 내 인생의 현실로 만들어 나아가자.

실천하기 Tip

평소에 배우고 싶었거나 마음먹었던 것을 딱 한 달간 도전
해보자. 그리고 나에게 가장 적합한 방법을 선택하여 내
꿈을 한 달간 기록하고 주변에 공유해보자.

06

꿈을 기록하라

> 우리 중 95퍼센트는 자신의 인생 목표를 글로 기록한 적이 없다. 반면, 글로 기록한 적이 있는 5퍼센트 중 95퍼센트가 자신의 목표를 이루었다.
>
> ■ 존 맥스웰

요즘은 꿈을 다양한 형태, 즉 위시리스트(Wish List)나 버킷리스트(Bucket List)처럼 글로 나열하는 경향이 있다. 내 집 마련하기, 부모님 효도여행 보내드리기, 전문가급 사진 찍기, 화장품 광고모델 되기, 악기 한 가지를 배워서 공연하기, 책 출간하기 등등 수많은 꿈 리스트(Dream List)가 존재한다. 당신은 꿈 리스트, 꿈 목록을 가지고 있는가?

탐험가, 인류학자, 다큐멘터리 제작자인 존 고다드

는 역사상 처음으로 카약 하나로 세계에서 가장 긴 나일강 탐험을 해냈다. 이것은 그가 열다섯 살 때 작성한 127개의 꿈 목록 중 하나였다. 그는 현재까지 111가지의 꿈을 달성했다. 존 고다드의 홈페이지(http://www.johngoddard.info/)에는 'My Life List(Teenage list of 127 goals)'라는 이름으로 그의 꿈 목록이 공개되어 있다. 그는 탐험할 장소, 원시문화 답사, 등반해야 할 산을 정해놓고 하나씩 이뤄나갔다. 사진 찍기, 수중 탐험 등 하고 싶은 것에 대한 기록도 있다.

그의 꿈 목록은 가히 인상적이다. 그는 나일강·아마존강·콩고강을 탐험하였고, 원시문화 답사로 콩고, 뉴기니섬, 브라질, 인도네시아 보르네오섬, 북아프리카 수단, 케냐, 필리핀, 탄자니아, 에티오피아, 나이지리아, 알래스카를 다녀왔다. 그는 등반해야 할 산 목록을 20개 적었는데 그중 에베레스트와 아프리카 최고봉인 킬리만자로를 포함해 15개 산의 등반에 성공했다. 나이아가라폭포를 포함한 6개의 폭포에 다녀왔고, 미국 남부 플로리다의 산호 암초 지대를 포함한 6군데의 수중 탐험에 성공했다. 더불어 자신이 방문하고 싶은 14곳 중 12곳 방문에 성공했다.

그는 꿈 목록에 충실하고자 엄청난 노력을 기울였다. 프랑스어, 스페인어, 아랍어를 배웠고, 4차례의 세계 일주를 했고, 쿠푸(고대 이집트 제 4왕조의 2대 파라오)의 피라미드에도 올랐다. 우리가 어떤 나라 한 군데만 여행을 해도 세상을 보는 시야가 넓어지고 사고방식이 바뀌는데, 하물며 존 고다드는 어떠할까? 그는 127번째 마지막 꿈인 '21세기에도 살기'를 이루며, 대단한 꿈의 예시로 존재하고 있다.

그는 어떻게 자신의 꿈 목록을 이룰 수 있었을까? 그는 열다섯 때 생일 선물로 받은 대백과사전 세트 덕분에 세계를 향한 눈이 열렸다고 한다. 다양한 분야의 여러 지식

과 책을 접하면서, 자신의 꿈의 목록을 적을 수 있었다.

> **기한 없는 목표는 탁상공론이다. 기한이 없으면 일을 진행시켜주는**
> **에너지도 발생하지 않는다. 당신의 삶을 불발탄으로 만들지 않으려면**
> **분명한 기한을 정하라. 기한을 정하지 않는 목표는 총알 없는 총이다.**
> ■ 브라이언 트레이시

어느 정도 꿈 방향이 정해졌거나 구체적인 꿈을 세웠다면 그 꿈을 기록하는 데 시간을 할애하는 것이 좋다. 그리고 꿈을 이루기 위해 평소 좋은 습관을 들이고 끊임없이 노력해야 한다. 100세 인생을 운운하는 오늘날 아무런 계획도 꿈도 없이 주어진 일에만 몰두하면서 살아간다면 추후 큰 어려움을 겪을 수 있다. 존 고다드가 어릴 때 작성한 꿈 목록의 경우, 그가 실천하지 않았다면 그저 한 몽상가가 적은 한 장의 낙서에 지나지 않았을 것이다.

꿈은 변화하고 진화한다. 존 고다드는 단순히 탐험과 여행을 좋아하는 어린 학생이 아니었다. 자기 꿈의 목록에 적힌 것을 직접 경험하고 전문 지식을 습득하는 등 목록을 하나씩 이루어가는 동안 누구도 대신할 수 없는 탐험가, 인류학자가 된 위대한 인물이다. 우리도 꿈을 위해 자신만의 전문 지식과 콘텐츠를 하나씩 만들어가야 한다. 그렇게 할 때 진정한 내 삶의 주인공으로서 행복하게 살 수 있다.

나는 꿈이 명확해지자 적극적으로 실천해나가기 시작했다. 고등학교 1학년 때 꿈의 매체를 다이어리로 정했다. 우선 공부와 삶을 두 개로 나눠서 공부 목표와 체크리스트, 그리고 일상생활에서 하고 싶은 데일리 체크리스트 등으로 나눠서 점검했다. 대학생 때부터는 프랭클린 다이어리로 넘어와서 조금 더 상세하게 나의 꿈과 일상을 기록하고 점검하였다. 프랭클린 다이어리의 독특함 중 하나는 일주일마다 나의 역할에 따른 목표를 적는 칸이 있다는 점이다. 그 목표를 일주일의 데일리 체크리스트로 상세화하는데, 10년 넘는 동안 역할·분야·프로젝트별로 해야 할 작업을 리스트화하고 점검하면서 나에게 주어진 시간을 정말 최대한도로 활용했다. 이런 작업 덕분에 내가 하고 싶었던 교육적 경험치를 극대화하는 활동을 한정된 시간에 많이 해낼 수 있었다고 생각한다.

..

제일 바빴던 대학교 3학년 때는 학과 전공 수업(영어영문학과, 철학과)을 풀타임으로 채워 들었다. 게다가 영어과와 철학과 교직이수 수업, 스터디, 외부 활동 등의 활동량도 어마어마했다. 하동의 초등학교 근무, 말레이시아 교육부 및 싱가포르 시장 등의 기관과 접촉하여 프로젝트 진행, 제14회 대학생 모의유엔회의에 6개월 참여 등등을 숨가쁘게 이뤄냈다. 대학교에서 글을 쓰고 발간하는 교지 수석위원으로 있을 때라 정기적으로 집필도 했고, TIME 동아리의 선배로서 영어 칼럼을 발표했으며, 신입생의 영어 실력 향상을 위해 여름방학 때는 영어책《Grammar in Use》로 매일 특강을 했다. 더불어 고등학생 과외 2개를 소화했고, 영어 토플 스터디에 참여했으며, 일주일에 한 번씩 명상반 수업에도 참석했다. 그 외 연애도 했고, 친구들과 놀기도 했고, 집에서 쉬기도 했다. 지금 생각하면 정말 말도 안 되게 여러 일을 동시에 진행한 거였다. 오죽하면 밥 먹을 시간이 없어서 저녁이나 새벽에 한 끼 때우듯 먹거나 아무도 없는 대학교 정독실에서 잠들기도 했을까.

나는 대학교 4학년에 올라가기 전, 3학년 때 전공 수업을 최대한 열심히 들어서 지식 많이 쌓기, 교육적 경험 많이 하기, 공모전을 위한 스펙 쌓기, 세상 넓게 바라보기, 참교육자를 위한 인성 쌓기 등 여러 목표를 세워두었다. 그리고 이를 달성하기 위해 월별·주별·일별로, 다시 아침·점심·저녁·야간 시간별로 세부 활동 계획을 세운 체크리스트를 점검했다. 그때는 힘들었지만, 내가 크게 성장한 시기였다. 이처럼 나의 꿈 목록이 담긴 다이어리는 내가 꿈을 향한 길을 무사히 잘 갈 수 있도록 도와준 소중한 도구였다.

꿈을 날짜와 함께 적어놓으면 그것은 목표가 되고, 목표를 잘게 나누면 그것은 계획이 되며, 그 계획을 실행에 옮기면 꿈이 실현된다.

■ 그레그 S. 레이드

꿈은 나를 찾아가는 것이요, 나를 완성하는 목표점이다. 꿈을 이루기 위해서는 시간과 노력이 많이 든다. 꿈을 이루는 과정은 마라톤 같아서 효과적으로 완주하기 위해서는 코치도 필요하고 매니저도 필요하다. 스스로 꿈의 경주를 위한 매니저가 되어 편리한 도구들을 찾는 것이 좋다.

자신에게 적합한 도구들이 있는지 주위에서 살펴보자. 간단한 다이어리도 좋고, 에버노트도 좋고, 구글 캘린더도 좋다. 자신에게 맞는 최적의 기록 도구를 찾았다면, 매일 그리고 하루 종일 곁에 두고 일정과 내용을 기록하라. 일 단위·주 단위·월 단위·년 단위로 목표와 해야 할 것들을 기록하고, 수행한 것과 하지 못한 것을 체크해야 한다. 꿈을 기록하고 점검하자. 그리고 공유하자.

자신만의 꿈 목록을 갖는 것은 중요한 일이다. 특히 어린 시절 꿈을 갖는 것은 정말 중요하며, 청소년 시기에 꿈의 방향을 설정하고, 성인이 되면서 꿈을 향해 거침없이 달려갈 수 있다면 금상첨화다. 지금도 당신만의 꿈의 목록이 명확하지 않다면, 당장 꿈을 적기 위해 노력하는 시간을 갖자.

실천하기 Tip

내 꿈과 일상을 기록할 수 있는 도구를 찾아보자. 그리고
오늘 내 꿈의 목록을 10개만 적어보자.

07

미친 듯이 도전하라

목표에 다가갈수록 고난은 더욱 커진다. 처음에는 깨닫지 못했던 여러 문제가 선명하게 보이는 때, 이때가 바로 목표가 현실로 다가오는 시기이다. 성취라는 것은 우리 곁으로 가까이 올수록 더 큰 고난을 숨기고 있다.

■ 요한 볼프강 폰 괴테

피겨 불모지인 한국에서 2010 밴쿠버 동계올림픽 피겨 금메달 수상자가 나왔다. 현재는 은퇴했지만, 피겨 선수 김연아는 여전히 우리의 피겨퀸이다. 그녀는 2010년 4월 시사주간지 〈타임〉이 선정한 '세계에서 가장 영향력 있는 100인'에 올랐다. 특히 '영웅' 분야에서 클린턴 전 미국 대통령에 이어 2위를 기록했다. 그녀는 올림픽에서의 금메달뿐만 아니라 세계선수권대회(2009), 그랑

프리 파이널(2006~2007, 2007~2008, 2009~2010), 4대륙
대회(2009) 등 굵직한 세계 주요 대회를 휩쓸며 피겨 역
사에 한 획을 그었다. 특히 그녀가 밴쿠버 동계올림픽에
서 세운 쇼트프로그램 78.50, 프리스케이팅150.06, 합계
228.56이라는 점수는 경쟁자들이 쉽게 넘볼 수 없는 사상
최고점이었다.

피겨 기술의 백미는 점프다. 그녀가 출전한 여자 싱글
쇼트프로그램에는 8개, 프리스케이팅에는 12개의 과제
가 있다. 이 가운데 점프는 쇼트에서 3개, 프리에서 7개
다. 피겨에서는 기술 점수의 80퍼센트 이상을 차지하는
점프의 성공 여부에 따라 점수가 크게 달라진다. 그러니
그녀가 전무후무한 기록을 세우기까지 차가운 빙판에서
얼마나 많은 점프를 하고, 얼마나 많은 시간을 들여 연습
했을까?

그녀는《김연아의 7분 드라마》에서 말했다.

'피겨스케이팅 세계챔피언이지만 자유와 평범을 꿈꾸
며 단순하고 쿨한 O형에 안 먹는 거 빼곤 다 잘 먹는 꿈
많고 소탈한 스무 살의 피겨 스케이터다.'

이렇게 꿈 많은 그녀는 자신의 꿈뿐만 아니라 피겨스

케이팅 꿈나무와 국민들의 염원을 담아 2018년 평창 동계올림픽 유치를 위해 특별 연사로 나섰다. 더 나아가 평창 동계올림픽 기간에는 적대 행위 중단을 촉구하는 휴전 결의안이 유엔에서 채택되었는데, 여기에서 특별 연사로 나서 남북이 함께 올림픽 정신을 이어가면 좋겠다고 연설했다. 자신의 꿈뿐만 아니라 주변과 세계에 선한 영향력을 미치는 그녀의 행보가 아름답다.

> 나는 어떤 일을 시작하든 반드시 된다는 확신 90퍼센트에 되게 할 수 있다는 자신 10퍼센트를 가지고 일해왔다. 안 될 수도 있다는 회의나 불안은 단 1퍼센트도 끼워넣지 않는다. 기업은 행동이요, 실천이다.
> ■ 정주영

최근 13년의 역사를 마무리한 MBC 〈무한도전〉. 나는 무한의 도전을 전제로 여러 프로젝트에 도전하는 모습이 우리가 꿈에 도전하는 모습의 투영이라는 생각을 하곤 했다. 제일 기억에 남는 무한도전 프로젝트 중 하나는 '댄스 스포츠' 편이다. 2007년 방영되었던 '쉘 위 댄스(댄스 스포츠)'는 무한도전 스포츠 특집의 시초이자 무한도전 장기 프로젝트의 시초였다. 그 프로젝트가 방영되었을 당시 나는 잠시 영국에서 공부를 하고 있었다. 총 3부작으로 방영된 '쉘 위 댄스'를 정말 희열 넘치게 보았고, 3편에서 출연자들이 울 때는 나도 같이 울었다.

몸치였던 출연자들이 댄스 스포츠대회 출전을 위해서 각자 자신이 맡은 장르의 춤을 파트너와 연습하며 피땀을 흘렸다. 처음에는 막연히 춤만 좀 연습해서 잘 추면 된다고 안일하게 생각했던 그들도 시간이 지나면서 이것이 단순한 일이 아님을 알게 된다. 오랜 시간 피땀 흘려온 댄스 스포츠 선수들과 같은 무대에 서면서, 자신들의 행동과 태도가 오랜 시간 준비한 다른 선수들에게 부정적인 영향을 줄 수 있음을 깨닫고 마음을 고쳐먹었다. 그 후 출연진들은 정말 발이 까질 정도로 진지하게 연습에 임했다. 박명수, 정준하, 유재석, 정형돈, 노홍철, 하하 등 무한도전 멤버들은 대한체육회 댄스 스포츠 선수로 등록되었다. 댄스 스포츠 지도자인 나의 큰어머니가 무한도전팀이 출전한 대회장에서 심사를 보았는데 진지하게 대회에 임하는 그들이 정말 멋졌다고 소감을 밝히기도 했다.

〈무한도전〉은 단순히 재미있기만 한 코미디 프로그램이 아니다. '에어로빅 특집', '봅슬레이 특집', 'WM7 레슬링 특집', '조정 특집' 등의 장기 기획 프로젝트를 통해 비인기 스포츠 종목을 널리 알린 것은 정말 인상 깊고 기쁜 노릇이었다. 어찌 보면 이런 기획을 해내야 하는 PD 김태호나 출연진도 무한한 도전의 연속이지 않았을까. 시청자의 관심을 끌지 못하는 내용이라면 시청률 문제가 발생할 수도 있으니까 말이다. 이러한 위험성에도 불구하고 비인기 스포츠 종목을 장기 프로젝트로 진행하여 출연진을 설득하고 회유하며 프로그램을 진행시킨 능력은 리더십 측면에서도 아주 대단하다고 생각한다. 그들의 미친 노력과 도전정신이야말로 13년간 〈무한도전〉을 지속한 원동력이다.

적게 이루고 싶은 사람은 적게 희생하고, 많이 이루고 싶은 사람은 많이 희생해야 한다.

■ 제임스 앨런

주위를 둘러보면 꿈에 미친 사람들이 많이 보인다. 한

국인 최초로 히말라야 8,000미터급 거봉 14좌 완등과 세계 최초 산악 그랜드 슬램을 달성한 박영석 대장 같은 산악인들의 위험천만한 꿈을 일반인들은 이해하지 못한다. 멋있지만 너무 위험하고, 그 꿈을 달성한다고 해서 얻는 영광은 기회비용에 비해 적어 보이기 때문이다. 그러나 주변의 우려에도 아랑곳하지 않고 산악인들은 끊임없이 미친 도전을 계속하고 있다.

대학교 시절, 총학생회 회장 선거에서 인상 깊었던 한 남자 선배가 떠오른다. 그 선배는 체육교육학과 출신의 산악인이었는데 전문 산악인을 꿈꾸며 열심히 등반을 다녔다. 그 선배는 발가락 수가 우리와 달랐는데, 그래서 걸음걸이도 약간 달랐다. 등반 중에 동상으로 발가락이 잘려 나갔다는 이야기를 듣고 나는 너무 놀랐다. 그런 고초를 겪고도 위험한 도전을 멈추지 않았으니 말이다.

"왜 산을 계속 오르시나요? 위험하지 않나요?"

학생기자였던 나는 선배에게 질문을 던졌다. 그는 등반으로 많은 사람에게 꿈과 희망을 전하는 것이 자신의 꿈이라고 했다. 아쉽게도 그는 낙선했지만, 산에 대한 열정과 자신의 꿈에 대한 열정은 계속되었다.

..

미친 듯이 꿈꾸고 미친 듯이 도전하자. 생각만 너무 많이 하는 우리에게 행동이 필요한 시점이다. 누구에게나 힘든 상황이 닥치고 꿈꾸기를 방해하는 장애물이 존재한다. 그리고 우리는 늘 아프고 불안하다. 하지만 어떠한 역경이 오든 그것을 이겨낼 힘 또한 '꿈'에 있다. 우리 스스로 그 힘을 갖고 있다. 미친 듯이 도전하고 꾸준히 노력하면 실패가 거듭될지라도 결국 불운이 행운으로 반전할 것이요, 서서히 성공을 손에 쥘 수 있을 것이다.

지금 머릿속에 널부러진 부정적인 생각과 망설임을 걷어내자. 미치도록 꿈꾸고 미치도록 행하면 꿈은 현실이 될 것이다. 나로 말미암아 세상이 바뀔 것이다.

실천하기 Tip

미친 듯이 도전한 사람들의 성공 스토리를 찾아 읽어보고,
내 꿈과 연계하여 그 실현 방법을 생각해보자.

08

꿈을 위한 징검다리를 건너라

하루를 연습하지 않으면 자기가 알고, 이틀을 연습하지 않으면 동료가 알고, 사흘을 연습하지 않으면 청중이 압니다. 성공의 비밀은 끊임없는 연습입니다.

■ 장영주

매일 오전 6시에 시작하는 KBS Cool FM 라디오 영어 방송 〈굿모닝팝스〉는 오랜 시간 내 영어 동무가 되어준 프로그램이다. 나는 최근까지 마이크를 잡았던 이근철의 진행을 상당히 좋아했다. 타 영어 방송의 진행자 대부분이 외국에서 나고 자랐거나 오랜 기간 외국생활을 한 교포 혹은 유학생 출신인 데 반하여 그는 우리나라에서 영어를 마스터한 순수 국내파 실력자이다. 나는 그의 영어 실력뿐만 아니라 긍정적 마인드와 인생 열정 또한 좋아한다. 그래서 나는 그를 나의 롤모델로 삼았다.

대학생 시절, 이근철의 학교 특강을 들은 적이 있다. 그때 나는 유학생활을 하지 않는 가운데 더 이상 실력이 올라가지 않을 때 한 단계 성장할 수 있는 방법에 대해 질문했고, 그는 자신의 스토리와 버무려 실전 노하우를 친절히 답해주었다.

2017년 문재인 정부의 전용기를 타고 독일에 간 개그맨 김영철. 그는 어느 순간 우리의 영어 멘토로 거듭났고, 자신의 영어 학습 비법을 강연과 책으로 전수하고 있다. 그가 이토록 영어를 잘하게 된 배경에도 이근철이 있다. 그는 이근철을 멘토로 삼고 따라다니며 영어를 배웠다 한다. 영어를 잘 못했던 김영철 역시 지금의 실력과 자신감을 갖기까지 한 단계 한 단계 그 지난한 과정을 꿈 하나로 버티었고 결국 이루어냈다고 밝혔다. 최근 트로트 가수 홍진영과 함께 '따르릉'이라는 노래를 발표하여 가수 영역에도 도전한 바 있는 김영철은 세계 무대에서 영어로 개그콘서트를 하는 것을 꿈꾸며, 오늘도 자신의 꿈 계단을 하나씩 오르고 있다.

세상은 관념이 아니라 행동에 의해서 기회를 붙잡을 수 있다. 손은 마음의 칼이다.

■ 제이콥 브로노우스키

영어 실력이 향상되는 모습과 상황을 그래프로 나타내면 마치 계단과 같다. 일정 기간에는 아무리 시간과 노력을 쏟아도 영어 실력이 향상되는 기미가 보이지 않는다. 그런데 어느 순간 뒤를 돌아보면 큰 계단을 오른 것처럼 실력이 확 늘어나 있다. 영어든 일본어든 중국어든 그 어떤 외국어이든 간에 그 어학적 속성은 다 같다. 단어를 열심히 외우고 문장 독해를 하고 죽어라 공부해도 특별히 나아진 게 없어 보이지만, 그럼에도 꾸준히 하노라면 어느 순간 실력이 확 늘어 있음을 체감한다. 이는 꿈의 돌다리를 걷는 과정과 다르지 않다.

'Practice makes Perfect!'

사람이 무엇을 배우고 익숙해지려면 시간이 걸린다. 누구에게나 처음 걷는 길은 어색하고 서툴 수밖에 없다. 하지만 쉽게 마음 먹기 힘들고, 해내기 어려울 것만 같은 일도 첫 걸음을 떼면 조금씩 나아진다. 일단 시작하고, 반복하고, 경험하면 점점 잘하게 되어 있다. 부단한 연습이 완벽을 만든다. 김연아라고 처음부터 공중 3회전을 완벽히 해낸 것은 아니다. 박찬호도 박지성도 박세리도 처음부터 세계 최고의 기량을 갖고 있었던 것은 아니다. 그들 모두 각고의 노력을 했기에 정상에 설 수 있었다. 우리는 그 이치를 겸허히 받아들여야 한다.

인생은 평화와 행복만으로는 지속될 수 없다. 고통과 노력이 필요하다. 고통을 두려워하지 말고 슬퍼하지 마라. 참고 인내하면서 노력해 가는 것이 인생이다. 희망은 언제나 고통의 언덕 너머에서 기다린다.

■ 맨스필드

나는 고등학교 때까지 영어 과목 자체를 좋아하지 않았다. 문법, 단어, 숙어를 무작정 외워야 했기 때문이다. 그때만 하더라도 영어는 암기 위주의 공부였는데, 내신 때문에 정말 어쩔 수 없이 꾸역꾸역 책장을 넘겼다. 지금 돌이켜보건대 참으로 실속 없이 겉만 핥는 학습방식이었다. 아이러니하게도 대학교에서 영어를 전공했지만, 실상 영어 공부를 제대로 한 것은 대학교 영어기숙사(아파트형 영어기숙사, 24hours English Zone)에 들어가면부터다. 원어민들과 함께 수업하고 생활하면서 자연스럽게 문화로써 영어를 접하게 된 것이다. 그때부터 영어를 좋아하게 되었는데, 결국 나는 영어교육 관련 종사자가 되어 있다.

영어에 새삼 호감을 느낀 나는 모든 걸 처음 시작하는 느낌으로 다시 공부했다. 새로 언어를 배우는 아이처럼 기초 단계 회화부터 차근차근 밟아 나아갔다. 실생활 문법과 예제를 중심으로 말하고 쓰기를 반복했다.

영어기숙사에서는 영어를 제법 하는 학생들끼리 30개의 반을 만들어 저녁마다 수업했는데, 나는 그중 한 반에서 리더를 맡았다. 클래스 리더는 원어민 선생님과의 호흡도 중요했고, 영어 교과 과정의 일부분도 미리 준비해야 했기에 더 열심히 공부할 수밖에 없었다. 기숙사에서는 함께 나들이도 가고, 체육 활동도 하고, 오픈하우스 문화축제에도 참여하는 등 원어민들과 즐길 일이 많았으므로 정말 실생활 영어 회화 실력이 떨어지면 대략 난감일 수밖에! 그때 나는 나의 부족함을 정말 많이 느꼈다.

전공 수업과 별도로 나는 영어학원 주말반을 등록하여 1년 넘게 학원을 다녔다. 또 학교 국제교육원에서 외국인 원어 수업, 교내 TIME 동아리 활동을 꾸준히 하였다.

..

'Liners'라는 영어 스터디를 통해 영어를 읽고 토론하는 연습도 하였다. 그 당시 영어영문과 교수님이 자문으로서 일주일에 한 번 하는 토론 시간에 참여해주었는데 '광우병(Mad Cow Disease)'에 관해 토론했던 것이 기억에 남는다. 그 외에도 나는 아르바이트를 해서 번 돈으로 외국인 과외 선생님을 고용하여 1:1 영어 수업을 받을 만큼 열과 성을 다했다. 그 당시 박사 과정 학생이던 선생님과도 치열하게 영어 토론을 하곤 했는데, 그는 현재 영국 본머스 대학교의 정식 교수가 되어 학생들을 가르치고 있다. 지금도 우리는 격려의 메시지를 주고받으며 함께 성장을 꾀하고 있다.

영어문화에 친숙해지면서 꾸준히 단어와 문장을 읽으려 노력한 덕분에, 그리고 영국 유학 덕분에 나의 영어 실력은 한 차원 더 업그레이드되었다. 대학교 영어영문과의 전공 수업인 문장통사론, 의미론은 물론이고 다양한 영미 소설과 시가 영어 자체의 언어를 이해하는 데 큰 도움이 되었음은 물론이다.

대학원에서는 영어교육 관련 전공 서적을 함께 읽고 발표했는데, 영어를 효과적으로 교수하기 위한 방법론 토론과 프로젝트 진행은 나에게 유의미한 멋진 시간이었다. 대학원에서의 생활은 졸업 후 영어 콘텐츠 연구원으로 진출하는 직접적 계기가 되었다. 대학교 교양영어 교재를 만드는 프로젝트에 2년간 참여했는데, 이를 통해 나는 실무적 이력을 쌓을 수 있었다. 이밖에도 교수님이 회장으로서 주도하여 개최한 2010년 세계영어학술대회에서 세계 학술자들과 이메일로 제반 사항을 조율하는 역할을 담당하며 국제행사를 도왔고, 한국외국어대학교에서 영어 학술 발표도 해봤다. 이러한 갖가지 경험은 나의 삶과 꿈 실현에 도움이 되었다.

삶의 징검다리로서의 수많은 과정과 스토리를 다 열거할 순 없지만, 위의 몇 가지 이력을 통해 나는 말하고 싶다. 영어를 정말 싫어하던 나도 조금씩 계단을 밟아 올라갔고, 그 결과 발전했다. 10년 전에 비해 분명 나는 성장했다. 내가 미국 명문대 원어민 선생님들과 영어 회사를 만들 것이라고 누가 상상이나 했을까. 나조차도 상상하지 못했던 일이다.

이제 함께 꿈의 징검다리를 치열하게 건너자. 꿈의 계단을 열정적으로 오르자. 미친 듯이 꿈꾸고, 미친 듯이 한

계단씩 오르고, 미친 듯이 목표한 정상을 밟아보자. 며칠이 지나고, 몇 주가 지나고, 몇 개월이 지나고, 몇 년이 지났을 때 우리는 크게 성장해 있을 것이다.

실천하기 Tip

꿈의 '계단' 순서를 리스트해보자.

09

꿈을 이루게 하는 무기를 장전하라

위대한 작곡가는 영감이 떠오른 뒤에 작곡한 것이 아니라, 작곡을 하면서 영감을 떠올린다. 베토벤, 바흐, 모차르트는 경리 사원이 수치 계산을 하듯 매일 책상 앞에서 작곡했다.

■ 어니스트 뉴먼

전투에서 승리하려면 무기가 있어야 하듯, 꿈을 이루려면 자신만의 무기를 가져야 한다.

제2차 세계대전 당시 히틀러에 맞서 영국의 승리를 이끈 윈스턴 처칠. 그는 '유머 리더십'이라는 무기로 리더의 자리에 올랐다. 어느 날 그는 연설하려고 연단에 오르다가 넘어졌고, 청중은 일제히 폭소를 터뜨렸다. 그는 연단에 올라 여유롭게 말했다.

"여러분이 웃을 수 있다면 나는 또 한 번 넘어질 수 있습니다."

그는 대중과 눈높이를 맞추려 할 때도 유머의 힘을 적절히 사용했다. 사실, 그는 어릴 때 반에서 꼴찌를 도맡아 하던 열등생인 데다가 말더듬이였다. 그런 그가 영국인들의 영웅이 되기까지 수많은 어려움을 극복해야 했다. 그는 각고의 노력으로 스스로를 변화시켰고, 자신만의 무기로 꿈을 하나씩 이루어나갔다. 그 무기 중 하나가 유머였다.

유머를 무기로 큰 성공을 거두며 재계를 이끈 인물도 있다. 바로 고(故) 정주영 현대그룹 창업주이다. 1971년 당시 그는 조선소를 세우고 싶어 했다. 그 자금을 확보하려고 그는 영국 버클레이은행 부총재를 만났다. 물론 부총재는 투자에 대한 확신이 서지 않았다. 그가 정주영 회장에게 물었다.

"당신의 전공은 뭐죠? 기계공학? 아니면 경영학?"

소학교, 지금의 초등학교만 졸업한 정주영 회장에게 전공이 있을 리 만무했다. 하지만 그는 자신감에 가득 차 대답했다.

"내 전공은 이 사업계획서입니다."

그만의 배짱 가득한 유머는 부총재의 마음을 돌리기에 충분했다. 이 일화는 '유머 리더십'의 대표 예제로 지금도 회자되고 있다.

> **성공을 원한다면 그만큼 자기를 희생해야 한다. 큰 성공을 바란다면 큰 희생을, 더 이상 없을 만큼 큰 성공을 원한다면 더 이상 없을 만큼 큰 희생을 치러야 한다.**
>
> ■ 제임스 앨런

개그맨 김병만은 자신만의 무기로 새로운 콘셉트를 잡아 방송한다. 우리에게 '달인'으로 알려져 있는 그는 지난날 실패의 달인이었다. 그는 개그맨시험에 일곱 번 떨어졌고, 백제예술대학교 방송연예과에 세 번 떨어졌고, 서울예술대학교 연극과를 여섯 번 떨어지는 등 인생이 낙방의 연속이었다. 그는 키가 작았고 입담 능력도 딱히 없었다. 그럼에도 그는 개그맨이라는 꿈을 꽉 움켜쥔 채 자신만의 개그 무기를 찾아 헤맸다.

그는 2002년 KBS 17기 공채로 개그맨이 되면서 태권도, 합기도, 검도 등의 무술을 바탕으로 '달인', '무림남

녀', '불청객', '풀옵션' 등의 코너를 선보였다. 한국식 슬랩스틱 코미디의 새 장을 열었으니, 누구도 쉽게 따라 할 수 없는 그만의 개그 영역이었다. 특히 KBS 개그콘서트의 최장수 코너 '달인'에서 정말 달인다운 면모로 우리의 시선을 사로잡았다. 지난 개그콘서트 900회 특집에서는 '수중 달인' 편을 마련, 16년간 물속에서 살아온 달인을 재연하여 다시 한 번 능력을 뽐냈다.

무엇보다 그만의 장점을 여실히 보여주는 것은 SBS의 〈정글의 법칙〉이다. 이는 지구촌 오지를 체험하는 리얼 생존 버라이어티 프로그램이다. 그가 없었다면 촬영이 불가능했을 만큼 이 프로그램에서 그의 역할은 가히 독보적이다. 그는 인내심과 성실함으로 프로그램에 임했고, 자신의 기술로 리얼하게 생존하는 모습을 보여줬다.

현재까지 8년째 같은 포맷으로 방송되는 만큼 자칫 식상하다는 이야기를 듣지 않기 위해 그는 자신만의 무기를 진화시키고 있다. 그는 프로그램을 위해 스카이다이빙 코치 자격증을 취득했고, 건국대학교에서 건축공학 석사 학위를 취득했다. 이로써 그는 좀 더 전문적이고 흥미로운 생존 그림을 안방에 전하고 있다. 그는 SBS에서 연애대상을 두 번 받았고, 2014년에는 대한민국 신지식인상을 수상하였다. 그는 말했다.

"자신의 인생은 온전히 자신이 만들어내는 것입니다. 매 순간 자신의 꿈을 위해 묵묵히 걸어가세요. 그리고 무슨 일이 있더라도 절대 포기하지 마세요."

집중과 단순함, 이게 바로 내가 명상할 때 외우는 주문이다. 단순함은 복잡함보다 어렵다. 자신의 생각을 말끔히 정리해서 단순하게 만들려면 굉장히 노력해야 한다. 하지만 결국 그럴 가치가 있다. 일단 단순함에 이르게 되면 산을 움직일 수 있기 때문이다.

■ 스티브 잡스

지금 꿈을 꾸고 있는가? 그렇다면 그 꿈을 이룰 나만의 무기를 장착하라. 달인 김병만이 자신만의 무기로 개그계에 새 영역을 개척한 것처럼, 나만의 무기로 나만의 꿈의 영역을 구축하라. 예컨대 당신이 카페를 개업하기 원한다면, 커피 원두에 대한 지식 및 기계 사용법 등을 기본적으로 알아야 할 것이고, 카페 운영에 필요한 사항 등 신경 써야 할 것을 통제할 줄 알아야 할 것이다.

당연히 사람들이 커피숍을 찾을 수밖에 없는 특별한 그 무엇도 고민해야 한다. 정말 특출하게 커피맛이 좋거나, 수제 디저트가 일품이거나, 가게 인테리어가 유니크하거나 하는 식으로 말이다.

급변하는 시대에서 나만의 무기를 개발하고 진화시켜라. 그것으로 나의 꿈을 이뤄내라. 나만의 무기는 실력이자 내 전문성을 드러낼 강력한 수단이다. 나만의 독특한 무기로 나를 세울 전략을 잘 짜고 성실하게 노력한다면 꿈을 이루고 그 분야의 선도자가 될 것이다.

실천하기 Tip

내가 가지고 있는 꿈의 무기들을 열거해보자. 그리고 내
꿈과 연관지어 마인드맵을 그려보자.

10

꿈꾸는 사람들과 함께하라

성공한 사람들은 세 가지를 갖고 산다. 첫째는 과거에 대한 감사, 둘째는 미래에 대한 꿈, 셋째는 현재에 대한 설렘이다.

■ 모치즈키 도시타카

언제부터인가 우리나라에서도 예술가들이 거리로 함께 나와 모였다. 삼청동 예술의 거리에서는 예쁜 공방과 예쁜 물품을 많이 볼 수 있다. 분당 판교 도서관 근처의 예술가 거리에는 예술가들의 작업실이 많아서 미술을 좋아하는 이라면 함께 작업도 할 수 있다. 맥주 공장도 있어서 신선하고 새로운 맥주를 맛볼 수도 있다. 유명한 도자기 공방과 요리 스튜디오도 있는데, 그들만의 문화를 만들어가는 중이다. 신사동 가로수길은 매년 조금씩 콘셉트가 변하고 있는데, 요즘은 예쁜 소품을 다루는 디자인숍이 들어서고 있다. 우리나라 사람뿐만 아니라 외국인 관광객들에게 서울의 명소로 자리매김하고 있다.

이러한 흐름을 반영하여 비즈니스도 변화하고 있다. 각종 스타트업 모임, CEO 모임, 독서 모임, 비즈니스협동조합 모임 등이 많아진 것이다. 어디에 그 열정 가득한 사람들이 숨어 있었던 걸까. 그들은 이제 서로 응집하여 함께 꿈을 나누고 미래를 준비한다.

최근 디자인 개발 관련 업무로 한 비즈니스협동조합과 미팅을 진행한 적이 있다. 협동조합은 공통의 이익을 추구하는 사람들이 설립하고 운영하는 경제 체제 아래서의 자발적 조직을 말한다. 내가 미팅한 곳은 '기업마케팅토탈솔루션'을 제공하는 회사들이 모인 조합 형태로 운영되고 있었다. 기업에 필요한 영상, 웹, 모바일, 마케팅, 인쇄 등 각 분야의 전문 기업들이 모여서 협력을 통해 제작비용을 절감하는 마케팅 솔루션 형태의 사업 모델을 갖고있었다. 이들은 사업을 시작하는 스타트업과 상대적으로 열악한 소상공인을 특히 더 많이 도와주려는 사업 모델이었다. 정부에서 연계되는 자금 등으로 스타트업이나 소상공인에게는 조금 더 할인되는 서비스가 있었다. 대기업은 아니었지만, 각자의 꿈과 비즈니스적 수익 보완을 위해 자신들만의 전문 영역에서는 따로 활동하면서도 함께 하고 있다. 자신들의 전문 영역을 지켜 사업 활동을 하면서, 또 더 큰 이익과 큰 그림을 위해 협동조합이라는 이름으로 덩치를 키우는 것은 좋은 시도로 보였다. 이는 대규모 시장 체제에서 그들이 버틸 수 있는 하나의 울타리로 순기능을 할 것이다.

집을 더 화려하게 밝혀주는 것은 집을 자주 방문하는 친구들이다.

■ 랄프 왈도 에머슨

나는 함께하는교육연구소와 노블리쉬 주체 그리고 여러 기관 등과 콜라보 형태로, 2017년 한 해 동안만 수십 개의 행사를 기획하고 진행하면서 많은 참가자를 만났다. 참가자 대부분은 주도적으로 자신의 삶을 꾸려가는 이들이다. 보통 주말 오후나 평일 저녁에 운영되는 행사에 오는데, 그들을 보고 있자면 인생의 에너지가 생동감 있게 전이되는 듯하다. 행사를 주최하지만, 오히려 내가 참석자들로부터 긍정의 에너지를 받고 많이 배우는 것 같다.

이렇게 인연을 맺은 이들이 이제는 나의 든든한 지원군이 되었다. 특히 나에게는 함께하는교육연구소의 든든한 이사진, 노블리쉬의 든든한 원어민 교수진 모두 내 삶의 소중한 보물이다.

작년 상반기에 한 CEO 비즈니스 포럼에 참석하여 많은 이와 교류할 기회를 가졌다. '7아너스'를 운영하는 켄트 김이 '용기백배 좌충우돌'이라는 콘셉트로 포럼을 만들었는데, 나도 이곳에서 많은 이와 인연을 맺었다. 이 비즈니스 교류 모임은 기업의 대표, 임원, 그리고 자신의 사업을 하는 이가 대다수로 참석한다. 이 모임의 수장인 켄트 김은 미국 하버드대학교 경제학과 출신으로, 우리나라 및 전 세계의 많은 리더와 교류하면서 우리나라의 친선대사처럼 활동하는 능력 많은 분이다.

켄트 김과 교류하면서 나는 많은 것을 배웠다. 그분은 책도 이미 여러 권 발간했고 강의도 많이 하는데, 자신의 꿈을 향해 열정적으로 노력하는 모습이 정말 인상적이다. 미술과 디자인을 잘하는 것은 알고 있었는데, 자신이 부족한 IOS 개발 영역까지 주말에 5시간씩 집중 코스를 듣는 것을 보고, 정말 엄청나다는 생각이 들었다. 〈세바시〉

에서는 '젊은 때 미치지 않으면 미친 것이다'라는 주제로 강연했는데, 그는 2017년 내가 만난 사람 중 꿈에 가장 열정적이고 미친 듯이 도전하는 인물 중 한 명이다. '젊었을 때 미쳐본 적 없는 사람이 진짜 미친 것이다'라든지 '타인에게 인정받는 것이 아니라 나한테 인정받는 것이 중요하다'는 그분 말씀에 나는 적극 공감한다.

켄트 김을 비롯하여 기업과 사업에서 여러 성과를 거둔 이들과 직접 교류하면서 얻은 통찰력은 컸다. 특히 인상 깊었던 분은 하이트진로음료 조운호 대표이다.

나는 어릴 때 '아침햇살'이라는 음료를 정말 좋아했다. 넉넉하지 않은 형편이었지만 나에게는 비쌌던 '아침햇살' 음료를 평일 아침 등굣길에 사 먹었다. 50분 수업이

끝나면 쉬는 시간에 한 모금, 두 모금씩 음료를 마셨다. 아침햇살이라는 음료 자체의 맛도 정말 좋아했고, 아침햇살이라는 단어도 좋았다. 아침햇살처럼 온화하고 세상에 따스한 햇살을 비추는 사람이 되고 싶었다. 그 당시, 내가 활동하던 사회 단체에서 나의 별명이 '아침햇쌀'이 되었을 정도인데, 고등학교 지인들의 휴대전화에 나는 '햇쌀이'나 '아침햇쌀'이라고 저장되어 있다. 나의 영어 이름도 여기서 파생된 'Sunny'이다.

2017년 여름 무렵, 조운호 대표를 처음 만나 나의 아침햇살 스토리를 얘기하며 팬심(?)을 수줍게 드러낸 적이 있다. 물론 나는 그분이 걸어온 사업적 길과 성실한 노력을 존경한다. 아침햇살, 초록매실뿐만 아니라 최근 출시한 블랙보리에 이르기까지 우리나라 음료를 발전시키려 최선을 다해 노력하는 모습, 직접 발로 뛰어 신제품 소식을 전하는 모습은 우리가 본받아야 할 꿈의 예시라는 생각이 들었다.

2017년에 교류하게 된 MBC 박재복 부국장도 거론하지 않을 수 없다. 그는 온화하고 열정적인 꿈의 리더이다. 방송국 PD 외의 국장급 인사들과는 대화를 나눈 적이 없었기에, 방송의 모든 업무를 관장하는 분께 전해 듣는 이야기들은 신기한 점이 많았다.

그는《글로벌 시대의 방송 콘텐츠 비즈니스》,《한류, 글로벌 시대의 문화경쟁력》등의 저서를 통해 글로벌 시대에 필요한 콘텐츠를 언급했다. 그는 또한 '한류'라는 신조어를 탄생시킨 드라마 〈사랑이 뭐길래〉의 중국 CCTV 방영을 성사시켰고, 드라마 〈대장금〉 등의 해외 수출도 이뤄냈다. 그야말로 한류 영역의 확장에 기여해온 대표적인 방송 콘텐츠 마케팅 전문가이다. 그는 한류문화로 우리나라 방송영상산업 발전에 기여한 공로를 인정받아 대통령 표창, 문화관광부장관 표창, 한국방송대상 특별상, 대한민국 한류대상(문화산업 부문), 서강언론문화상 대상, 자랑스런 학사인상 등을 수상했다.

교육 콘텐츠를 연구하는 나도 글로벌 시대의 콘텐츠를 어떻게 확산시킬지에 관심이 많은데, 멋진 분을 만나 좋은 영감을 얻고 있다. 만날 때마다 반갑게 맞아주고 나의 꿈의 미래에 대해 아낌없는 조언을 해주니 정말 영광이다.

해외무역 종사자이자 프로 사진작가인 강희갑 대표는

루게릭 환자 기금 마련을 위한 달력 제작, 사진 전시회 개최 등의 좋은 활동을 펼치고 있다. 평생 신제품 개발을 해오다가 60세가 넘어서 회사를 정년퇴임하고 창업한 IDM 코리아 임효빈 대표도 있다. 이들 모두 열정적으로 사업을 하고 있는 인생 선배들이 아닐 수 없다.

최근 우리나라 가요계의 영원한 디바 인순이 선생님을 사적으로 만나게 되었다. 해밀학교의 이사장으로서 대안학교를 운영 중인데, 내가 교육 관련 종사자임을 밝히자 추후 함께할 수 있는 일에 대해 논의해보자는 언질을 주었다. 2018년 3월 40주년 콘서트를 위해 아이돌보다도 훨씬 멋진 퍼포먼스를 구상해 연습하는 것을 보고, 실로 대단하고 배울 점이 많은 분임을 통감했다.

나는 요즘 나의 인생 선배들이자 꿈의 예시들을 만나면서 꿈의 열정과 그 노력의 한계가 어디인지 생각해보는 시간을 갖고 있다.

내가 호텔 종업원으로 일할 때 나보다 뛰어난 사람은 얼마든지 있었다. 하지만 그들은 나처럼 하루도 빠짐없이 자신의 미래를 생생하게 그리지는 않았다. 노력이나 재능보다 훨씬 중요한 것은 성공을 꿈꾸는 능력이다.

■ 콘래드 힐튼

꿈꾸는 사람은 행복하다. 꿈꾸는 사람은 긍정의 에너지를 품고 있다. 꿈꾸는 사람들은 서로가 꿈 동지가 되어 응원하고 격려한다. 그들은 서로를 돕고 이타적인 삶을 산다. 열정적으로 꿈을 꾸는 꿈 동지들과 지금부터 함께하자. 함께 배우고, 함께 성장하자.

실천하기 Tip

꿈꾸는 사람들의 모임에 참석해보자. 그들과 꿈을 교감하며 함께할 수 있는 측면을 찾아보자.

11

나만의 꿈 콘서트를 열어라

생생하게 상상하라. 간절하게 소망하라. 진정으로 믿으라. 그리고 열
정적으로 실천하라. 그리하면 무엇이든지 반드시 이루어질 것이다.

■ 폴 J. 마이어

2012년 싸이의 '강남스타일' 뮤직비디오가 유튜브에서 상상 초월의 대히트를 기록했다. 무려 10억 뷰에 이르는 조회수가 나왔는데, 2017년 기준으로는 28억 뷰가 넘는다. 코믹한 말춤과 그만의 B급 감성은 그야말로 우리나라를 넘어 세계 시장을 사로잡았다. 우스꽝스러운 뮤직비디오와 무대 공연이 유명세를 타기 시작했고, 기어코 미국에서 대박을 치는 기염을 토해냈다.

나는 그가 미국에서 당당하게 한국말로 노래를 부르고, 영어 인터뷰를 하는 모습이 좋았다. 그의 활기찬 무

대 퍼포먼스가 좋아서 그가 나오는 무대 영상을 하나씩 다 살펴보았을 정도다. 한국말을 모르는 이들도 함께 뛰고 움직이게 하는 열정과 에너지는 언제 보아도 대단하다. 2012년 12월, 미국 MTV는 미국 싸이의 '강남스타일' 열풍을 올해 가장 행복했던 순간 중 하나로 선정하기도 했다. 싸이는 자신의 꿈을 위해, 그리고 그의 무대를 위해 얼마나 많이 노력하고 땀 흘렸을까?

싸이는 군대를 두 번 갔다. 첫 복무 때는 산업기능요원으로서 복무를 대신했는데, 아버지의 금품 비리 의혹과 복무 중 공연 등 사업 활동을 벌인 것이 문제되어 현역으로 두 번째 군대를 가야 했다. 이 사건을 계기로, 그는 자신이 원하는 꿈을 위해 더 열심히 준비하고 뛰었다. 누구나 좌절하게 마련이지만, 어떻게 극복하고 자신이 원하는 꿈의 무대로 달려가는가는 철저히 자신에게 달려 있다.

연말이면, 많은 가수의 콘서트가 열린다. 클래식 공연, 발레 공연, 뮤지컬 공연 등도 많다. 대학원 시절, 사실 한창 공부하면서 책값과 생활비를 버느라 정신 없었던 때였지만 적어도 한 달에 한 번은 가수나 클래식 공연을 보러

갔다. 클래식 공연은 내 영혼을 맑게 해주었고, 가수들의 공연은 공부와 생계, 그리고 각박한 서울생활의 스트레스를 일거에 날려주었다.

가수들은 정해진 공연 시간 안에, 자신들이 보여줄 수 있는 모든 걸 토해내려 노력한다. 그래서 자신들의 히트곡 외에 타 가수들의 노래를 리메이크하고, 재미있게 토크를 하고, 숨겨놓은 댄스 실력도 선보이며 관객을 만족시킨다.

클래식의 경우, 자신이 잘 표현할 수 있는 곡을 정하여 솔로, 듀오, 오케스트라 형태로 최상의 하모니를 만들어낸다. 이를 통해 깊이 있는 음악 메시지를 전하려고 한 명 한 명이 최선을 다한다. 내가 클래식 중에서 서로 합을 맞춘 웅장한 오케스트라 공연을 좋아하는 이유다.

콘서트 무대는 짧은 시간에 자신을 보여주면서 매력을 발산하는 장이다. 이 점에서 우리가 꿈을 꾸고 실현하는 것은 일종의 콘서트와 같다. 꿈을 이루고, 다른 이에게 공유하는 것도 마찬가지다. 이제 우리는 특별한 나만의 꿈 콘서트를 기획하고 준비해야 한다.

> 자연계에 안전한 상태란 존재하지 않는다. 눈앞에 닥친 위험을 피했다고 해서 영원히 안전한 것은 아니다. 모험을 거부하는 것은 곧 삶을 거부하는 것이다.
>
> ■ 헬렌 켈러

최근 재미있게 보는 예능 프로그램이 JTBC의 〈냉장고를 부탁해〉이다. 게스트의 냉장고에 있는 재료만으로 15분 내에 게스트 요구에 맞는 요리를 완성하는 대결 형식의 프로그램이다. 이연복, 레이먼킴, 샘킴, 유현수 같은 전문 요리사를 상대로 배우 김민준, 사업가 겸 개그맨 홍석천, 웹툰작가 김풍이 대결을 펼치기도 한다. 나는 그들이 전문 요리사와 요리 대결을 하는 것을 보고, 꿈과 열정이 대단하다는 생각이 들었다. 그리고 문득 호기심이 생겼다.

'저들이 꿈꾸는 큰 그림은 뭐지? 전문적으로 요리를 하는 이유는 또 뭐지?'

웹툰작가 김풍이 방송에서 웹툰이 아닌 요리를 보여주고 있어서 더 주목했다. 그는 그림을 그리듯 요리 플레이팅을 한다. 그만이 할 수 있는 만화적 상상력을 요리로 승화시키는 것이다.

2017년 2월, 나는 그의 이름과 꿈의 도전에 영감을 얻어, '나는 김풍이다'라는 요리경연대회를 진행했다. 두 남자 신청자가 경연 형식으로 맛있게 샐러드 요리를 만들어 주었다. 경연 후, 참석자들과 담소하고 놀면서 유쾌한 시간을 가졌다. 특히 이날은 10대부터 60대까지의 다양한 연령대와 다채로운 직업군의 참가자들이 함께했다.

진실되게 살아라. 너의 사랑을 표현하라. 너의 열정을 공유하라. 너의 꿈을 향해 도전하라. 너의 말을 행동으로 옮겨라. 너의 꿈에 맞춰 춤추고 노래하라. 너의 축복을 받아들여라. 오늘을 기억할 만한 날로 만들어라.

■ 스티브 마라볼리

나는 함께하는교육연구소를 통해 많은 이에게 유익하고 재미있는 교육을 전해주고자 노력하고 있다. 최근에는 우리 꿈에 도움이 되고 삶에 힐링이 되는 연사들을 초빙하여 강연을 진행한다. 한 달에 한 번 하는 이 행사는 나에게 꿈 콘서트 무대 기획이나 다름없다. 공연 기획자와 비슷한 마음으로 교육 기획을 하는 것이다. 장소는 어디에서 진행할 것이며, 청중은 누구를 대상으로, 어떠한 주제로 어떤 내용을 가지고 말할 것인가를 고민한다. 그리고 단독으로 할지, 게스트 강연자를 초빙할지, 컬래보레이션으로 강연할지 고민한다. 교육 순서, 진행방식 등 디테일한 여러 가지를 고민해본다. 더불어 날짜, 시간, 날씨도 고려 대상 중 하나이다. 사람들의 발길을 잡아끄는 교육 과정은 분명 존재하기 때문이다.

수십 개의 행사를 직접 기획하고 장소 및 연사 섭외, 음식, 공연, 소품, 마이크, 콘텐츠 내용, 컴퓨터, MC 멘트, 선물, 인테리어 등 작은 것에서부터 큰 것까지 하나하나 챙기고 있다. 관계자들과 조율하고 함께 만들어가면서 나의 꿈을 준비하고, 하나하나 실행해가는 동안 작은 연습이 되고 있음을 느낀다.

꿈을 이뤄나가는 데는 나의 노력도 중요하지만 주변의 환경과 도구, 타인과의 조율 과정이 분명 필요하다. 혼자만의 노력과 열정만으로는 성취하기 힘든 부분이 분명 존재하기 때문이다. 가다 보면 내 기획대로 잘 움직이지 않고, 예상대로 시나리오가 흘러가지도 않고, 여러 걸림돌이 나타나기도 한다. 그래서 함께 가는 일이 무척 중요하다.

만약 내가 자신감을 잃게 된다면, 온 세상이 나의 적이 될 것이다.

■ 랄프 왈도 에머슨

지금, 나의 꿈 콘서트 개최를 위한 준비를 시작해보자. 꿈 콘서트의 날짜를 정하고, 주요 내용, 게스트, 무대, 조명 등의 제반 사항도 함께 기획해보자. 꿈 콘서트의 기획자가 되어 하나하나 항목들을 따져 열거해보자. 환경과 인간관계를 고려하며 주변의 도우미 등도 리스트화하자. 그렇게 마인드맵을 그려보면 나의 꿈 콘서트 설계를 좀 더 쉽게 할 수 있다.

꿈 콘서트가 시나리오대로 흘러가지 않을 것을 대비한 방안을 마련하는 것도 중요하다. 예컨대 대학교에서 교직을 이수하고 교사자격증을 취득하는 것을 목표로 했지만, 성적 미달로 자격증을 취득하지 못한다면? 그럴 경우, 내가 원하는 꿈이 대체 가능한 것인지, 혹은 2년 반의 교육대학원을 통해 취득해야 하는지 분별하고, 그에 따라 자신의 미래와 시간에 어떻게 투자할지 결단해야 한다. 나의 경우, 대학교 때 교직이수를 위해 최선을 다해 학점을 관리했고, 대학원 때 연구원생활로 꿈의 방향을 조금 변경할 때 현실적 상황을 고려하며 결단했다.

무엇이든지 새롭게 시작하는 것은 쉽지 않다. 새로운 것에 도전하고, 새로운 브랜드와 새로운 콘텐츠를 만들고 사람들 앞에 나서려고 마음먹는 것 자체만으로도 두려울 수 있다. 그럼에도 나의 꿈 콘서트를 알찬 매력으로 채워 승부할 수 있어야 한다. 누구나 다 할 수 있는 평범한 공연이 아닌, 독창적이고 특별한 공연으로 만들어야 한다. 그 주인공인 나는 나만의 향기가 나고 매력적인 사람이어야 한다.

오직 나만이 할 수 있는 꿈 콘서트를 기획하고 준비해보자. 꿈을 현실화하는 유일한 방법은 주도적으로 행동하는 것이다. 우리의 꿈은 결코 요원하지 않다, 행동만 한다면 말이다!

실천하기 Tip

나만의 꿈 콘서트를 기획해보고, 그 구체적인 실행안을 현실적으로 리스트화해보자.

Epilogue

　학창 시절, 나는 역사 과목을 즐기진 못했다. 명칭, 연도 등 엄청난 양의 외울 것이 나를 짓눌렀기 때문이다. 그럼에도 재미있게 다가왔던 부분이 조선사와 근현대사이다. 내가 살고 있는 시대와 제일 가깝기도 하고 현 세계와 연결되는 뿌리 부분이라 깊숙이 와 닿은 것 같다.

　특히 나는 조선을 건국한 태종과 나라의 기틀을 굳건히 다진 세종에 대해 많이 생각한다. 태종은 많은 것을 포기하고 희생하면서 가히 미친 '실행력'으로 자신의 꿈 조선을 건국했다. 세종 또한 백성이 쉽게 두루 쓸 우리만의 문자를 꿈꾸며 집요하게 노력하고 집행한 끝에 한글을 창제했다. 이로써 나라다운 나라를 굳건히 하였으니, 후대는 그래서 그를 세종대왕이라 존칭한다.

태종과 세종대왕이라는 꿈의 예시가 조금 먼 감이 있는가? 그렇다면 버락 오바마, 오프라 윈프리, 마틴 루터 킹, 존 고다드는 어떤가? 비, 보아, 싸이 등의 가수는 또 어떤가? 선생님, 교수님, 친구 등등 모두가 우리 꿈의 예시가 될 수 있는 존재들이다. 내 꿈을 실현하기 위한 롤모델은 우리 주변에 그야말로 넘친다. 그들을 통해 우리는 동기를 부여하고 나아가야 한다. 그래서 꿈 콘서트가 필요하다.

성공적인 꿈 콘서트를 열기 위해 꿈 콘서트의 목적, 방향, 실질적 기획까지 많은 노력을 해야 한다. 물론 그 과정이 쉽지는 않다. 꿈을 향해 열심히 나아가지만 뜻대로 되지 않을 때도 있을 것이며, 때로는 불가능하다는 좌절감에 빠질 수도 있을 것이다. 그럼에도 우리는 꿈을 놓아서는 안 된다. 꿈을 붙잡고 실현하기 위해 우리는 다음의 질문에 답해야 한다.

1. 나의 우선하는 삶의 가치는 무엇인가?

2. 내가 지금 당장 시작하고 싶은 열정적인 일이 있는가? 있다면 어떤 일인가?

3. 나에게 자기 주도적 삶이란 무엇이며, 이러한 삶을 위해 현재 어떤 노력을 기울이고 있는가?

4. 내가 꾸는 꿈을 먼저 이룬 사람이 있는가? 혹은 같은 꿈을 꾸는 사람이 주변에 있는가?

5. 나의 꿈을 이룰 방법은 무엇일까? 내가 시도해본 방법, 하고 있는 방법, 하지 못했지만 효율적일 것 같은 방법은 무엇인가?

6. 나의 꿈을 절실히 기록해본 적 있는가? 그 꿈을 실현하

기 위해 철저하게 계획하고 점검해본 적 있는가?

7. 어떤 일에 미친 듯이 도전해본 적 있는가?

8. 어떤 일에 차근차근 성실히 노력하여 일정 경지에 올라간 경험이 있는가?

9. 나의 꿈을 이루기 위해 어떤 무기를 가져야 하는가?

10. 주변에 꿈 동지가 존재하는가? 꿈 동지와 어떻게 협력할 것인가?

11. 지금 나만의 꿈 콘서트를 열기 위해 절실한 마음, 노력할 자세를 갖추었는가?

꿈을 꾸고 실현하는 가장 빠르고 효과적인 방법은 무엇일까? 이는 나의 작은 생각과 작은 한 걸음에서 출발한다. 나의 꿈은 열정과 주도적 실천으로 이룰 수 있다. 이제 나의 꿈을 이루기 위해 날마다 꿈 콘서트를 주도면밀

하게 기획하고 열렬히 준비하자. 그리하여 매일 신명나게 꿈 콘서트를 열어보자.

꿈을 계속 간직하고 있으면
반드시 실현할 때가 옵니다.
- 요한 볼프강 폰 괴테

꿈

/

콘서트

초판 1쇄 인쇄 2018년 6월 15일
초판 1쇄 발행 2018년 6월 22일

지은이 | 김은화
펴낸이 | 전영화
펴낸곳 | 다연
주　소 | 경기도 고양시 덕양구 은빛로 41, 502호
전　화 | 070-8700-8767
팩　스 | 031-814-8769
메　일 | dayeonbook@naver.com

본　문 | 미토스
표　지 | 김윤남

ⓒ 김은화

ISBN 979-11-87962-48-9(03320)